把话说到客户心里去

吴凡 著

古吴轩出版社
中国·苏州

图书在版编目（CIP）数据

把话说到客户心里去 / 吴凡著. —苏州：古吴轩出版社，2016.4（2019.7重印）
ISBN 978-7-5546-0635-3

I. ①把… II. ①吴… III. ①销售—商业心理学 IV. ①F713.55

中国版本图书馆CIP数据核字（2016）第029590号

策　　划：	花　火
责任编辑：	徐小良
见习编辑：	顾　熙
装帧设计：	润和佳艺

书　　名：	把话说到客户心里去
著　　者：	吴　凡
出版发行：	古吴轩出版社
	地址：苏州市十梓街458号　　邮编：215006
	Http://www.guwuxuancbs.com　　E-mail：gwxcbs@126.com
	电话：0512-65233679　　传真：0512-65220750
出 版 人：	钱经纬
印　　刷：	大厂回族自治县彩虹印刷有限公司
开　　本：	710×1000　　1/16
印　　张：	14
版　　次：	2016年4月第1版
印　　次：	2019年7月第6次印刷
书　　号：	ISBN 978-7-5546-0635-3
定　　价：	35.00元

如有印装质量问题，请与印刷厂联系。0316-8863998

没有好口才就干不好销售

销售是什么?直白地说,销售就是通过说服客户来达成交易。如果销售人员欠缺相应的口才技巧,就无法和客户进行有效沟通,也就谈不上说服客户,进而也就无法成功地达成交易。正所谓"买卖不成话不到,话语一到卖三俏"。没有卖不出去的产品,只有不会销售的销售员!

美国的"超级销售大王"弗兰克·贝特格曾经说过:"交易的成功,往往是口才的产物。"这是他近30年销售生涯的经验总结。的确,销售员要想取得一流的业绩,就必须能够恰如其分地运用语言,具备一副"金口才"。就像销售行业内所流传的那样:会说话,销售就如坐电梯;不会说话,销售就如爬楼梯。销售员只要把握住与客户交流的机会,就能取得非常好的沟通效果,销售自然就像坐电梯般轻松。

销售人员一旦具备了一流的口才,就能够顺利地约见到客户,争取到向对方销售的机会;就能够迅速地吸引客户的注意力、引起对方的兴趣,从而打开销售工作的局面;就能够一步步地激起客户的购买欲望,并最终说服对方做出最后的购买决定;就能够妥当地处理好售后以及对老客户的维系工作。可以说,口才的影响力会伴随着销售工作的整个过程。可以毫不夸张地说，销售的成功在很大程度上可以归结为销售人员对口才的合理运用与发挥。

可见，口才在销售过程中的重要作用是毋庸置疑的。拥有好口才是每个销售员都梦寐以求的，这同样也是成为优秀销售员所必备的前提条件。在竞争激烈的现今社会中，良好的销售口才，是销售工作成功的关键因素。

那么，我们究竟应该如何提升我们的销售口才技能呢？从本书中你将能够找到答案。

本书结合大量销售的实际事例，为即将进入或正在从事销售工作的朋友逐一解密销售高手说话、谈判的妙招，并提供了切实可行的具体方法，指导大家如何恰当、灵活地运用这些妙招，进而掌握高超的销售口才技能。相信只要你阅读完本书，并把里面讲解的要点在实践中加以训练，你定会成为一名优秀的销售员，最终也一定能够成就辉煌的销售事业，实现自己远大的人生理想。

第一章 抓住客户的心 　　001
知己知彼，猜透"上帝"的心思好说话

你卖的不是东西，而是客户的需求　　002
客户都有怕被骗上当的心理　　006
嫌货人才是买货人　　010
每个人都想得到优惠　　013
抓住客户的从众心理　　016
客户往往自认为是上帝　　019
客户都渴望得到别人的关心　　022
客户对稀少的东西都想占有　　025

第二章 说亲切感人的话　　029
精彩的开场，才会有精彩的结局

销售前摸清客户的"底细"是关键　　030
搭讪客户，说好第一句话　　034
第一次见面，可以不谈销售而谈感情　　038
没有热情就没有销售　　041
寒暄，是架起"客户友谊"的桥梁　　044
遇到老客户，寒暄的热情仍然不能少　　047
让沉默型客户敞开心扉　　050

第三章 说好专业话 　　　　　　　　053
像专家一样说话，激发客户的购买欲

先研究好产品，客户才会信赖你 　　054
用客户听得懂的语言来介绍产品 　　058
介绍产品，使用数据更有说服力 　　061
适度说些产品的"小缺点" 　　　　064
对比启发，巧说产品的与众不同 　　069
为客户编织一个拥有后的梦 　　　　072

第四章 问客户感兴趣的问题 　　　　075
投石问路，会问才能打开客户的话匣子

提问有方，在一问一答中控制谈判方向 　076
让客户一开始就说"是" 　　　　　079
有的放矢，提问一定要有目的性 　　082
客户并非没有需求，只是缺少引导 　086
"二选一"法则，把主动权握在自己手中 　089
把问题丢给客户，掌握成交主动权 　092
学会运用开放式提问法 　　　　　　095

第五章 说客户爱听的话 　　　　　　097
赞美话说得好，生意肯定跑不了

嘴上带蜜，更容易把话说到客户的心里去 　098
随声附和也是一种赞美 　　　　　　101
请教的赞美方式，效果也会非常好 　104
赞美客户时，捧出新鲜的内容才有效 　107
赞美之前，仔细研究赞美对象很重要 　110

第六章 说让客户感觉你在帮他的话   113
心急吃不了热豆腐,从客户的拒绝中寻找机遇

成功的销售都是从被拒绝开始的   114
用幽默打开顾客的拒绝之门   117
当顾客想去别家看看时,怎样说才能挽留住他   121
当客户说"我考虑考虑"时怎么办   124
当客户说"我做不了主"时,你该怎样开口   127
当客户只认牌子不认产品时,如何改变他的想法   130
当客户说"我没有钱"时,如何让他"不差钱"   132

第七章 善言更要善听   135
销售不是独角戏,业绩的80%都是靠耳朵听来的

不做喋喋不休的"独白者"   136
客户的每句话,都要认真地倾听   139
创造机会,"逼"客户张口说话   142
学会有效倾听,捕捉商机   145
客户说话的时候,不要随意插话   148

第八章 说客户认可的话   151
讨价还价巧接招,让客户"心随你动"

报价也需讲技巧   152
顾客开口砍价,该如何应答   155
如何应对客户说"别家更便宜"   158
谈价过程中巧说"不"   162
适当给客户来点硬的   165

第九章 说让客户放心的话   167
察言观色，在交谈中迅速把握成交的契机

越是要成交时越不能急　　　　　　　　　　168
有时"沉默"才是最强的武器　　　　　　　　170
确认成交信号，把握最合适的销售时机　　　　173
找到关键点，给顾客一个成交的理由　　　　　176
欲擒故纵，帮助客户下决心　　　　　　　　　179

第十章 会说更要会思考   181
销售话术地雷不能踩，小心祸从口出

不可不知的销售忌语　　　　　　　　　　　　182
赞美的力量要比诋毁的力量更强　　　　　　　185
任何时候都不要和你的"上帝"争辩　　　　　189
客户推托，不要急赤白脸　　　　　　　　　　193
客户的短揭不得　　　　　　　　　　　　　　196

附录 不拘小节，无以成事   199
销售不能忽视的细节

良好的第一印象让客户记住自己　　　　　　　200
微笑，让客户放下戒备的武器　　　　　　　　202
诚信，让你的销售之路走得更远　　　　　　　204
男女有别，区别对待是上策　　　　　　　　　206
学会站在客户的立场上思考问题　　　　　　　210

第一章 抓住客户的心
知己知彼,猜透"上帝"的心思好说话

俗话说:"想钓鱼,就要先知道鱼吃什么鱼饵。"同样,要想吸引客户,就一定要知道客户的心里在想什么,最需要什么。只有这样,才能在与客户打交道的时候把话说到对方的心坎上,从而使自己的销售工作畅通无阻。

你卖的不是东西,而是客户的需求

作为一名销售人员,要想成功销售出你的产品,就要记住一点:你卖的不是产品,而是客户的需求。只有了解并理解客户的需求,才能有针对性地为客户推荐最适合的产品,才能令客户满意。

马丽刚进入一家家居公司工作,是一位销售新手。第一天上班,她很积极主动地上前向一位老客户销售产品。

马丽热情地对这位女客户说:"女士,请跟我来,我来给您介绍一下我们公司的最新款。"

女客户犹豫了一下说:"哦,麻烦你了。"

"您看这款,是我们公司的最新时尚产品。我知道,很多顾客都喜欢颜色较为艳丽一点儿的家具,摆在家里看着就有活力。而复古款的则显得太死气沉沉了,不好搭配,并且现在也不太流行了。所以,为了满足广大顾客对青春感的向往,我们推出了这款时尚产品。各种亮丽颜色都有,如亮黄、亮红、艳紫……为了答谢新老客户,我们还专门新增了个性化定制家具服务,就算您需要强烈的混合色沙发,也能两天内帮您搞定!并且价钱也不贵。女士,您觉得怎么样?"马丽一边指着沙发手舞足蹈,一边滔滔不绝地说了一大堆话。

见客户默不作声,马丽又问:"您都清楚了吗?还有什么需要我补充的吗?"

客户摇了摇了头说:"你说得很清楚。我想这些新产品年轻人会喜欢。可是,我经销店的附近都是一些老年人公寓,他们才是我的忠实客户。既然我的目标一直锁定在那些年长且又收入稳定的人群中,那进货自然也以典雅、古色古香、价钱合理的经典款为主。"

结果可想而知，马丽把这个客户流失了。

为什么马丽的销售会以失败而结束呢？很明显，她犯了不做准备就盲目销售的错误。在没有探清客户需求的情况下，就自以为是地喋喋不休，那失败是必然的。

作为销售人员要明白，了解客户的需求是非常重要的。只有懂得换位思考，了解并理解客户的需求，才能有针对性地为客户推荐最适合的产品，才能令客户满意。

客户每的一个购买行为，背后肯定隐藏着他的某种需求。他为什么来看你的产品？是因为物美，还是价廉？总之，你可能会猜想出无数个理由。有时，也许你能猜中，可有些购买动机可能根本不在你的猜想理由之中——不是因为价格、质量或者表面所提供的功能，那是什么呢？这需要客户来告诉你。

一位老太太去市场买水果。

她走到第一个商贩面前，问道："你的苹果怎么样啊？"商贩回答说："我的苹果个个保甜，不甜不要钱，买几斤吧，大娘。"

老太太摇了摇头，向第二个摊位走去，又向这个商贩问道："你的苹果怎么样？"

第二个商贩答道："我这里有甜的和酸的两种苹果，请问您要什么样的苹果啊？"

"我要买酸一点儿的。"老太太说。

"我这边的这些苹果又大又酸，咬一口就能酸得流口水，请问您要多少斤？"

"来一斤吧。"老太太买完苹果又继续逛市场。

这时她又看到一个商贩的摊上有苹果，又大又圆，非常抢眼，便走过去问道："你的苹果怎么样？"

这个商贩说："我的苹果当然好了，请问您想要什么样的苹果啊？"

老太太说："我想要酸一点儿的。"

商贩说："一般人买苹果都想要甜的，您为什么会想要酸的呢？"

老太太说:"我儿媳妇怀孕了,想要吃酸苹果。"

商贩说:"大娘,您对儿媳妇可真好,您儿媳妇将来一定能给您生个大胖孙子。前几个月,这附近也有两家要生孩子,总来我这买苹果吃,您猜怎么着?结果都生了儿子。您要多少?"

老太太听了商贩的话,笑得合不拢嘴了,便又买了二斤苹果。

商贩一边称苹果,一边向老太太介绍其他水果:"猕猴桃不但酸,还富含多种维生素,特别有营养,对孕妇和胎儿都有好处。您要给儿媳妇买点猕猴桃,她一定爱吃。"

"是吗?好,那我就再来二斤猕猴桃吧。"

"您老真好,您儿媳妇有您这样的婆婆,真是好福气。"商贩一边给老太太称猕猴桃,一边说,"我每天都在这儿摆摊,水果都是当天从批发市场运回来的,保证新鲜,您儿媳妇要是吃完了,欢迎您再来。"

"行,以后我就来你这儿买水果了。"老太太被商贩夸得很高兴,一边付账一边应承着。

故事中三个商贩都在卖水果,但结果却不同。

第一个商贩没有询问老太太的需求,就向老太太销售自己的甜苹果,结果失败了。

第二个商贩虽然注意到要询问客户的需求,并卖出了一斤酸苹果,但是并没有卖出其他水果。原因在于他虽然探询到了客户想买酸苹果的需求,但没有挖掘到为什么要买酸苹果的更深层次的需求。

第三个商贩充分挖掘了客户的需求,了解到老太太买酸苹果的原因是想

销·售·金·言

要想成为一名出色的销售人员,就要善于分析、思考客户的购买心理与动机,进而探询客户的真正需求。要知道,在购买行为的背后,往往会存在客户的某些特殊"感觉"或价值观。比如,一些人购车不是为了车子本身,他们可能是为了便利的感觉,为了身份的象征,为了成就感……这些都是所谓的购买价值观。销售员的任务,就是去挖掘这些潜在的价值观。

给怀孕的儿媳妇补充营养。据此，商贩站在老太太的角度考虑问题，对她讲述了来自己这里买水果的两家都生了儿子。而且还考虑到孕妇最需要营养，应该给孕妇挑选维生素含量高的水果，所以他又向老太太推荐了富含维生素的猕猴桃。这样，第三个商贩不但卖出了苹果，而且还卖出了猕猴桃。不仅如此，他又趁机告诉老太太自己每天都在这里卖水果，并且水果很新鲜，这样就为下一步的销售做了准备。

从三个商贩销售水果的过程中，我们可以得出，要想成为一名优秀的销售员，就要时刻以客户为中心，站在客户的角度考虑问题，把握客户最迫切、最深层次的需求，让客户感觉到我们是在帮助他们解决问题，而不仅仅是在销售自己的产品，这样才能取得销售的成功。一定要谨记：钓鱼时用的鱼饵，不是您所喜欢吃的东西，而是鱼最喜欢吃的东西。

客户都有怕被骗上当的心理

很多销售人员在销售的过程中,往往都会遇到这样一个问题,即客户对销售人员大多存有一种不信任的心理。他们认为从销售人员那里所获得的有关商品的各种信息,总会不同程度地包含着一些虚假的成分,甚至还会存在一些欺诈行为。于是,很多客户在与销售人员交谈的过程中,就认为销售人员的话可听可不听,往往不太在意,甚至抱着逆反心理与销售人员进行争辩。

因此,如何在销售的过程中快速有效地打消顾客的疑虑,对销售人员来说是非常必要的。因为有经验的销售人员都知道,如果不能从根本上消除客户的疑虑,交易就很难成功。

客户之所以会产生疑虑,很可能是因为他们曾经遭遇过欺骗,或者买来的商品不能满足他们的期望,也可能是从新闻媒体上看到过一些有关客户利益受到损害的案例。因此,他们在潜意识里就会排斥销售人员,认为只要是搞销售的人都是骗子,遇到销售人员就躲着走,怕自己被骗。

一家影楼的H小姐说:"许多客户来了走,走了又来,然后甩下话说:'你如果给我降价,我就在你这儿拍!'我们这个行业是怎么了?如果客户去的是一家饭店,他肯定不会说'你给我降多少钱我就在你这里吃,不然我就去另一家了'。如果真有人这么说,别人肯定会笑他是从外星球来的。可是在我们这里,不还价的人反而像从外星球来的……"

其实说到底,客户还价就是因为害怕被骗。因为影楼给客户的印象是暴利行业,即便你报出底价,客户也会认为其中还有很大的水分。所以他们会尽可能地压低价格,从而更好地保护自己的利益。

李燕自从生了宝宝后就做起了全职家庭主妇,每天都会去菜市场买菜。这天她又提着菜篮来到了菜市场。她来到一位卖豆角的大嫂的摊前,问道:"豆角多少钱一斤?""两块。""一块五行不?"这位大嫂不答应,于是李燕扭头就走了。往前走了几步,她来到一位卖豆角的大爷的摊前,又开始砍起价来。大爷说定一块八一斤,少一分也不卖,于是李燕称了一斤。等大爷称好了,她仍然不甘心,硬是从摊上又拿了几根,心里才舒坦。然后她就提着菜篮高高兴兴地去买别的菜了。

对于李燕来说,砍价是每天的必修课,而且她对此还乐此不疲。在平常人看来,也许这是一件很开心很有趣的事情。从表面上看是买者和卖者两个人在围绕着价格争来争去,可实际上,在这种讨价还价的背后,蕴藏着丰富的心理活动。

首先,在议价时,双方都是在互相试探,收集对方的说话方式、表情等信息,并把他和自己经验中的某一类人进行"匹配",确定对方是哪一类型的人,然后双方再按照一些"套路"来应对。买的人开始还价,并密切注意捕捉卖者的表情。然后双方开始陈述自己的理由,比如卖者说生意不好做,买者说单位发不出工资等。当然,这时双方的言语和表情都会有些夸张。从买者的角度来说,由于他对销售者的定价是一无所知的,所以他就担心自己可能被骗。本来不需要花那么多钱,却花了很多的冤枉钱,那时他的心里就会不平衡了。出于这种怕被骗的心理,他就会尽可能多地砍价,通过这种方式来保护自己。

其实,销售人员和顾客进行讨价还价是很不明智的,是一种资源的浪费。试想,双方在这一过程中要浪费多少时间,这些时间也许可以赚更多的钱。同时,顾客和销售人员之间的讨价还价是双方不信任的表现,而这种不信任对于销售人员来说是一种危险的信号。因此,要想销售成功,销售人员在销售的过程中就应消除顾客害怕被骗的心理。那么,应该怎样做呢?

1. 尽可能快地取得顾客的信任

乔·吉拉德曾经这样说:"要想到,顾客购买汽车的钱是他们辛辛苦苦挣来的,他们大部分都是不富裕的工薪阶层,所以他们把买车看成是一生最大的一笔投资。他们希望自己的钱花得值得。他们不希望自己买到的是赝品,被人嘲笑。他们希望自己所购买的产品能被人看作是明智的选择。因此,顾客会怕你,害怕你欺骗他们,而这一行很多行骗的故事更加深了顾客对销售人员的不信任。所以,首先要让顾客信任你,消除他的顾虑和担忧是非常重要的。当顾客信任你了,购买到你为他推荐的产品,享受到你提供给他的优质服务之后,他就会喜欢上你,而且会把你的产品和服务到处传颂。于是,你的口碑就建立起来了。因此,你不应该把顾客仅仅看成一个单一的购买对象,你应该把他看成250个人。你让一个人满意了,就会带来250个人的光顾;反过来,你惹恼了一个人,你就会失去潜在的250个顾客。"

因此,当你遇到顾客砍价时,千万不要急于求成,因为你说得越多,客户反而越怀疑。你一定要找出他无法接受你销售的产品的真正原因,想办法消除客户的心理障碍,让自己成为客户的朋友,这样客户才会和你合作。

通常,客户怕被骗的心理会让你们的沟通产生障碍,但同时也会给你带来机会。这种客户常常是想买产品,但是总希望你能把价格降了再降,所以会找同类商品如何优惠的说辞来刺激你。这时,你要让客户了解,任何一种商品都不可能在各方面占优势,你要重点告诉客户买你的产品能获得什么好处,以此来满足客户的需

销·售·金·言

作为销售人员,应该打动客户的心。因为心是离客户钱包最近的地方,是客户的感情所在。也就是说,一名合格的销售人员应当通过打动客户的感情,从而让客户产生购买的愿望。

砍价,是现代市场上很常见的一种经济现象。顾客之所以会这样,就是他们有一种被骗和不平衡的心理。只要你了解了客户的这种心理,那么你就会觉得客户的砍价是再正常不过的事情了。

求和减轻他担心买贵的顾虑。如果有什么优惠活动，你也要提前通知客户，把利益的重点放到客户身上，让客户觉得自己获利而不是被骗了。

还有一部分客户是担心商品的质量或功能，对商品没有足够的信心。此时，你不妨直接告诉客户产品的缺点，这比客户自己提出来要好得多。

2. 满足顾客的心理平衡

对于顾客来说，他们需要的是物有所值的商品。可是即使他们非常喜欢某件物品，身为销售员的你也不能因为顾客喜欢就漫天要价。或许顾客确实是因为喜欢那件商品，购买的时候很爽快，可是等他冷静下来回想，也许他就会感觉到自己上当受骗了，到时候你就会失去这个顾客。而且他还会把这件事情到处去宣传，那时你的口碑就会变差，而你失去的也将不仅仅是他一个顾客。

总之，在销售的过程中，顾客心存疑虑是一个共性问题，如果不能正确解决，就会给销售工作带来很大阻力。因此，销售人员一定要努力打破这种被动的局面，善于接受并巧妙地化解客户的疑虑，使客户放心地去买自己想要的商品。顾虑是心与心之间的一条鸿沟，销售人员只有把它填平，才能到达成功交易的彼岸。

嫌货人才是买货人

俗话说"嫌货人才是买货人",对产品挑剔的客户才是好客户,也是有希望购买产品的客户。所以,作为销售人员,当遇到挑三拣四的顾客时,一定不要轻易否定顾客的购买欲望,要学会识别客户挑剔、拒绝背后的真正意图。

王先生是一个水果摊的摊主。一天,有一位顾客来到他的摊前,拿起一个苹果左看看右看看,然后说:"你的水果也不怎么样啊,一斤还要卖五块吗?"

"呵呵,您放心,我的水果不能说是这一片最好的,但绝对不差,您可以和别家的比较比较。"王先生满脸堆笑,不紧不慢地说。

"太贵了,四块五卖不卖?"顾客说。

王先生笑眯眯地回答说:"女士,我要是一斤卖您四块五,对刚买过我水果的人不好交代吧?何况这个价钱,真的不能再低了。"

无论顾客是什么态度,王先生一直保持着微笑,而且笑得一直那样亲切。虽然这个顾客嫌东嫌西的,但最后还是以五块一斤买了些。

王先生感慨地说:"嫌货人才是买货人啊!"

明明嫌水果贵,又嫌水果不好,可是为什么那个客人最后还是以五元一斤的价格买了呢?这种事情对于销售员来说常常会遇到。当你向客户销售某种商品时,有的客户会拿起产品,左看看右看看,不是嫌贵就是嫌这不好那不好。如果是不懂行的销售员遇到这种情况,通常就会顺着客户的要求,降低价格把商品卖出去。不过懂行的销售员则是不会卖的,因为他们知道客户挑拣、指责商品背后的真实意图。

首先，客户是想要买这种商品。当他在对你的商品挑毛病时，其实就是他对此产品真正感兴趣的开始。他如果不感兴趣、不想要的话，就不会看得这么仔细，更不会看出其中的问题所在了。

其次，客户希望能够获得最大的优惠。客户之所以指责你的商品，就是希望他的这种指责能够给你带来影响，其目的就是想要你自己主动降低价格，并且把这种价格降到最低程度。

那么，身为销售人员，应该怎样来应对这种指责呢？

1．用微笑来面对顾客的指责

微笑是销售人员打开顾客心灵之门的钥匙，也是提升自己形象的手段。同时，这也是销售人员的一种修养。像上面例子中卖水果的王先生的修养就很好，他在客人"横挑鼻子竖挑眼"的情况下，能够始终保持亲切的微笑，说明他有很强的职业道德，拥有能接受他人对自己提出批评的宽阔胸怀。因此，客户面对这种微笑时，会不忍心继续指责下去，那样他们就会接受销售人员最初提出的价格。

2．要对自己的产品有信心

上例中的王先生在客户的再三指责下，仍然坚持自己的价格，这主要取决于他对自己的水果很有自信。如果他对自己的产品不自信的话，他肯定会在与顾客讨价还价的过程中败下阵来。

3．面对客户的指责要坚持自己的原则

对于销售人员来说，

销·售·金·言

俗话说"金无足赤，人无完人"，产品也是一样。可是，客户花钱买东西总是希望能获得完美的产品，所以对你提供的产品总会怀有挑剔的心理。不过我们知道，无论是企业还是销售人员本人，都无法提供完美的产品。重要的是，你要以销售人员的专业水准让这类客户明白，你的产品虽然不如他理想中的完美，却是现实中不可多得的实惠选择。如果你做到了这些合情合理的解说与劝服，客户的挑剔心理就会不复存在。

在销售的过程中要有自己的原则，当客户讨价还价时，不能无限制地降价，否则自己肯定会吃亏。只要自己的商品是货真价实的，就应当坚持自己定出的价格。

每个人都想得到优惠

"客户要的不是便宜,而是要感到占了便宜。"这是流行在销售界中的一句话。这句话说明了什么?说明在购买活动中,客户有爱占便宜的心理。在这种心理的支配下,如果客户有了占便宜的感觉,他就容易购买你销售的产品。

看下面这个销售事例:

一位在商场看衣服的顾客相中了一款新上市的衬衫。他一看衬衫的售价是300元,就跟销售人员讨价还价起来:"太贵了,150元吧!"

销售员说:"那可不行,您看看这质地,再看看这款式,可是新上市的哦。您给的价太低,连成本都不够,这样,我看您也诚心诚意买,您给加点钱吧。好不好?"

顾客:"这样吧,你痛快我也痛快,180元吧,卖不卖?"

销售员:"好吧,成交,算交了朋友。"

顾客认为得了便宜,付了钱,拿了衣服高高兴兴地走了。

实际上这件衬衫成本价加上物流费、库存费等费用一共不到80块钱。顾客只是感觉占了便宜,实际上并没有占到任何便宜。

与此相类似的,就是商场的打折之风。

相信很多人去超市购物时,都看到过这样的现象:如果超市有打折促销的活动,肯定就会有很多人大包小包地从超市里拎出来。为什么会这样呢?因为打折促销的商品便宜,可以让自己少花点儿钱,每个人都想得到优惠,都喜欢买物美价廉的商品。

因此，有的销售员为了能增加销售额，就会推出一些免费的体验服务，或者找出一些免费的东西来作为招揽顾客的噱头。

在一次规模宏大的玩具展览会中，A玩具公司的展台不幸被安排在了展览会馆最偏僻的6楼，由于人们都不想上那么高的地方，所以A公司的玩具参展了一个星期也没有几个人来看。后来A公司的负责人急中生智，他在第二个星期一的早晨，在展会的入口处散发了一些别致的名片，名片的背面写着"持有这张名片可以到6楼A玩具公司领取玩具1个"。这个方法确实取得了很好的成效，仅半天的时间，6楼就被人们围得水泄不通。这种状况一直持续到A公司参展结束。人气为A公司聚集了不少财气，A公司也以给人优惠的方法把营业额提到了最高。

A公司之所以能够取得高营业额，就在于它抓住了人人都想得到优惠的心理，以小恩惠为公司带来了大收益。做销售工作的人很多，但真正懂得抓住客户心理的并不多。而要想成为一个成功的销售员，你就得学会利用人们的各种消费心理来达到销售的目的。

销·售·金·言

人人都是投机者，这在我们日常生活中随处可见。现代社会，在最短时间以及最小投入的前提下，每个人都想把自己的利益最大化，且囤积获取的价值。这是人的本性。将获得的价值最有效地利用起来，延长获取的价值的使用时长，让其更有效地服务于自己。

优惠说到底是一种手段，其本质就是用小利益换来大客户。大多数客户都只看你给出的优惠是多少，然后与你的竞争对手做比较。如果你没有让客户感觉得到了优惠，客户就可能会离你而去。因此，你不但要注重商品的质量，还要注意满足客户的这种想要优惠的心理需求。

另外，优惠是客户把同类商品进行比较后得出的一种自我判断，消费者不但想要得到优惠,还希望"独占"。所以你可以利用客户这种想要独占优惠的心理,满足他这种心理需求,而不是一定要把产品卖出低价。你可以在优惠的同时,传达给客户这样一种信息:优惠并不是天天有,你很走运。这样,客户的心里才会更满足,也才会更加愿意与你合作。

如果你销售的商品在某方面存在不足,你也可以采取优惠的手段让他们满意而归。如果客户对你的商品提出意见,你千万不要直接予以否定,而要面对产品的缺点,然后用产品的优点来抵消这个缺点。这样客户的心里就会感觉平衡了,同时加快自己的拍板速度。比如,当客户说你的商品质量不是很好时,你可以这样说:"我们的产品确实有点儿小问题,所以我们才优惠处理的。不过虽然是有问题,但我们可以确保产品不会影响使用效果;并且以这个价格买这种产品的确很实惠。"这样一来,你的保证和产品的价格优势就会使客户产生购买欲望。

抓住客户的从众心理

很多客户都有从众心理,这是一种普遍的社会现象。也就是人们常说的"人云亦云""随波逐流"。大家都这么认为,我也就这么认为;大家都这么做,我也就跟着这么做。从众心理在消费过程中,也是很常见的。因为好多人都喜欢凑热闹,当看到别人成群结队、争先恐后地抢购某种商品的时候,自己也会毫不犹豫地加入到抢购大军中去。

这就好比是一个人独自处于某种环境里时,警惕性可能会很高,心理防线就不容易被攻破。但是如果还有其他人同处在一种环境里,他就会觉得自己比较安全,别人有所行动时,他也会跟着行动。身为销售人员,要想提升自己的业绩,就要抓住客户这种从众的心理。

利用客户从众的心理又称为"销售的排队技巧"。比如,某商场入口处排了一条很长的队伍,从商场路过的人就很容易加入到排队的队伍中。因为当人们看到这种场景时,第一个想法就是:那么多人围着一种商品,一定有利可图,我也不能错失这个机会。这样一来,排队的人就会越来越多。但是事实上,这些人中真正想买的没有几个,人们只不过是在相互影响,他们认为其他购买的人总比销售人员可信。可以说,利用客户的从众心理促成交易,是一种最简单的方法。

日本有一位名叫多川博的著名企业家,由于他对婴儿专用尿布经营得很成功,公司的年销售额高达70亿日元,并以20%的速度递增。这样辉煌的成绩使他一跃成为世界闻名的"尿布大王"。

在多川博创业之初,他创办的是一个生产、销售游泳帽、雨衣、防雨斗篷、卫生带、尿布等日用橡胶制品的综合性企业。可是由于公司泛泛经营，没有特色，销量不是很稳定，曾一度陷入倒闭的困境。在一次偶然的机会，多川博从一份人口普查表中发现，日本每年出生的婴儿约有250万，如果每个婴儿每年用两条尿布，那一年就得需要500万条。于是，他决定放弃尿布以外的产品，实行尿布专业化生产。

尿布生产出来了，并且采用了新材料、新科技，质量上乘。为了引起市场的轰动，公司花了很大的精力去宣传产品的优点。可是在试卖之初，却无人问津，生意非常冷清，几乎到了无法继续经营的地步。多川博先生万分焦急，经过冥思苦想，他终于想出了一个好办法。他让自己的员工假扮成客户，排成长队来购买自己的尿布。一时间，公司店面门庭若市，几排长队引起了行人的好奇："这里在卖什么？""什么商品这么畅销，竟然吸引了这么多人？"这样就营造了一种尿布畅销的热闹氛围，从而吸引了很多"从众型"的买主。随着产品的不断销售，人们逐渐认可了这种尿布，买尿布的人越来越多。后来，多川博公司生产的尿布还出口他国，在世界各地也都十分畅销。

多川博公司生产的尿布之所以畅销，就是利用了客户的从众心理来打开市场的——不过前提是尿布的质量好，在被客户购买后得到了认可。所以销售最终还是要以产品质量赢得客户的，而利用其心理效应只是一种吸引客户的手段。

因此，作为销售人员，就可以采取吸引客户围观，营造热闹的营销氛围的方法，来吸引更多客户的参与，从而达到制造更多的销售机会的目的。

当然，这个队伍不一定非是有形的，还可以让客户在心理上排队。比如"您真有眼光，这是今年最流行的款式，最适合您这种职业的人穿"，这种说话方式就是利用了客户从众的心理，让他们在心里排队。听了这样的话，客户就会觉得赶快跟上潮流才是唯一的选择。这就是"排队"销售的魅力。

利用客户的这种从众心理的确可以提高销售成功的概率，但是也要注意以下几个问题，才能保证取得良好的效果。

1. 所举的案例一定要实事求是

在销售的过程中，要想利用客户的从众心理，销售人员所举的案例一定要

真实，既不要用谎言编造曾经购买的客户，也不要夸大那些老客户的购买数量。否则，不真实的案例很可能被揭穿，不但不会从客户那里获得订单，而且还会让客户产生被欺骗和愚弄的感觉。这种感觉不但会严重影响客户对销

> **销·售·金·言**
>
> 客户对未经别人试用的新产品往往持有怀疑态度，而比较信任有人使用并有相当好处的产品。因此，销售人员要明白，"从众成交法"成功的关键在于所列举的人必须具有一定的社会影响力。这样，才能增加客户对产品的信任，从而更加顺利地促成交易。

售人员及公司的印象，而且这种不良印象还可能会被这些客户通过各种途径影响其他更多的客户。因此，销售人员必须列举实际发生的成功案例去激发客户的从众心理，否则就是自砸招牌。

2. 尽可能以影响大的老客户作为列举对象

客户虽然有从众心理，但是如果销售人员列举的成功例子不具有足够的说服力，那么客户通常是不会为之所动的。所以，销售人员如果想要成功利用客户的从众心理实现成交，争取到订单，那么就要尽可能选择那些影响大的、客户熟悉的、比较具有权威性的老客户作为列举对象。否则，客户的从众心理很难被激发出来。

3. 面对太有个性的客户，不要轻易使用此法

现代社会是一个崇尚个性化的社会，人们在从众的同时，也存在一股"叛逆"心理。在销售过程中，销售人员也会发现有些有个性的客户对从众不屑一顾，喜欢追求与众不同。因此，销售人员发现客户是很有个性的人时，就不要轻易使用此法，因为这样做很容易引起客户的反从众心理。

总之，从众是一种非常普遍的社会心理和行为现象，在销售过程中，销售人员只要善于巧妙运用，往往能够促成客户下定决心签单，并源源不断地为自己争取到订单。因此，这种技巧很值得广大销售人员学习和借鉴。

客户往往自认为是上帝

我们都知道"客户就是上帝"。因为在实际销售当中，是客户为你创造了利润，而只有你的产品被客户购买了，你才有利可图。

作为一名销售人员，要想让客户把一掷千金的劲头用在你身上，你就要先想法博得客户一笑，把客户当成上帝一样对待。而要想让客户高兴，你就要明白上帝的想法——不但你认为客户是上帝，连他们自己也是这样认为的。

小赵和小马两个人一起出去销售自己公司的一款产品，他们先后都去过李总那里做销售。小赵先去的，他进门之后就开始滔滔不绝地向李总介绍自己公司的产品有多么好，多么适合他，如果他不购买就等于吃亏。这样的话不但没有引起李总的兴趣，相反却让他很反感，于是他很不客气地让人把小赵请走了。

等到小马又来销售的时候，李总知道他和小赵销售的是同一款产品，本来不愿意见他，不过他又想听听小马是怎样说的，于是就请小马来到了他的办公室。小马进去后，并没有直接介绍自己的产品，而是很有礼貌地先说了抱歉、打扰之类的话，然后又感谢李总百忙之中会见自己，还说了一些恭维的话，而对自己的产品却只是简单地做了下介绍。但李总始终都是一副很冷淡的样子，小马觉得这笔生意不可能做成了，虽然心里有些失落，但他还是很诚恳地对李总说："谢谢李总，虽然我知道我们的产品是非常适合您的，可惜我能力太差，没办法说服您。我认输了，我想我应该告辞了。不过，在告辞之前，我想请问李总能否指出我的不足，也好让我有一个改进的机会，好吗？谢谢您了！"

这时,李总的态度突然变得很友善。他站起来拍拍小马的肩膀笑着说:"你不要着急走,我已经决定要买你的产品了。"

为什么小赵前来销售会被请出去,而小马却能够成交呢?这就是一个满足客户心理需求的问题。小赵只是滔滔不绝地介绍自己的产品,却忽略了对客户起码的尊重与感谢;而小马却始终对李总很恭敬并且有礼貌,尤其是自

销·售·金·言

"客户就是上帝",客户自己也是这样认为的,所以在和销售人员接触的时候,他们难免会表现出挑剔、苛刻、不近人情等让你难受的态度。但是,如果你能以诚挚的心为客户服务,把客户当成上帝一样对待,就能赢得客户的心,卖出你的产品。

己最后临走时,还请求客户指教,这让李总感受到了足够的重视,从而从情感上对小马也表示了认同,自然也就促成了这笔交易。

每个客户都认为自己是你的上帝,有时他们提出各种很挑剔的问题,并不是不想要你的产品,而是为了满足自己是上帝的想法。当然,如果你销售的产品是知名企业生产的,那客户也许就有所耳闻,并且对你所销售的产品有一定的了解,自然不会用信誉问题去刁难你;可是如果你销售的不是知名企业的产品,那你就要想出其他办法让客户买你的产品。

你要对自己所销售的产品有一个十分清醒的认识,要知道产品是没有十全十美的,所以客户总是能够挑出毛病的。他们存在的一种心理,就是以自我为中心,也许头脑一热,就又会从产品中挑出点新问题,进而大做文章。这时,他们考虑不到你的难处,想怎么修改合同就怎么修改,他们认为你应该满足他们的一切要求。如果客户的要求合情合理,当然应该照做;可是如果对方的要求有不合理之处,那就需要你使用一些销售技巧来应对了。当你面对这样的客户时,不妨试试以下技巧:

1. 认真听完客户的要求后再回答问题

当客户提出问题时,一定要认真地听他说,哪怕他说到一半的时候你就已

经知道了不可能按照他的意思做,你也要用心听完。因为只有这样,客户才能感受到被尊重,即便你下一步是委婉地拒绝,他也不会觉得你是在敷衍他,而是确实不能做出让步。

2. 即使否定客户,也要保持谦虚的态度

作为销售人员,应当时刻记住要尊重客户,要用谦虚、礼貌的态度让客户觉得你不但是一个销售产品的专家,还是一个有修养的人,这样客户才愿意和你做进一步的沟通,你提出的意见客户也才比较容易接受。当客户认定并尽力证明自己正确,而你是错误的时候,不要否定客户,你可以用你的服务征服客户。要记住,没有不可沟通的客户,有的只是不恰当的销售方法。

客户都渴望得到别人的关心

在《世界上最伟大的销售员》一书中有这样一段话:"我要爱所有的人。仇恨将从我的血管中流走。我没有时间去恨,只有时间去爱。现在,我迈出了成为一个优秀的人的第一步。有了爱,我将成为伟大的销售员,即使才疏学浅,也能以爱心获得成功;相反的,如果没有爱,即使博学多识,也终将失败。"

从这段话中我们可以看出,要想销售成功并不是完全取决于技巧,有的时候只要你拥有一颗爱人之心就可以了。

有一名销售人员常常会去拜访一位老太太,他打算用养老的理由来说服老太太购买股票或者债券。为此,他常常与老太太聊天,陪老太太散步。

经过一段时间,老太太就离不开他了,经常请他喝茶,或者和他谈些投资的事情。可不幸的是,老太太突然去世了,这个销售员的生意泡汤了,不过他仍然前去参加了老太太的葬礼。当他到达会场时,发现竞争对手A证券公司竟然也送来了两只花圈,对此他感到很纳闷,不知到底是怎么回事。

一个月后,那位老太太的女儿来这个销售员工作的公司拜访他。她说她就是A证券公司一分支机构的经理夫人。她对这位销售员说,她在整理母亲遗物的时候,发现了好几张这位销售员的名片,上面还写了一些表示关心的话,她的母亲一直都很小心地保存着。她说:"我以前曾听母亲谈起过您,她说跟您聊天是一件很快乐的事情,所以我今天特地前来向您致谢,感谢您曾经如此关心我的母亲。"

这位女士深深地鞠了个躬,眼角噙着泪水说:"为了答谢您的好意,我瞒着丈夫向您购买贵公司的债券。"然后,她拿出了40万元现金,请求签约。

这名销售员对这件突如其来的事感到非常惊讶，一时之间，不知说啥好。

这是发生在销售界的一个真实的故事，有些人可能认为这份合约来得太突然、太意外了。其实不然。老太太的女儿之所以会这样做，就是被这位销售员的爱心所感动，才买下了该公司的债券。

只有在天性上就喜欢关心他人，并一直努力让别人快乐的人，才能成为好的销售员。如果你能让顾客或者潜在顾客感觉到你是真心喜欢、关爱、敬重他们的，那么你的销售就会无往而不胜。

乔·吉拉德是世界上最伟大的销售员，他在15年里一共卖出了13000辆汽车，最多的一年竟然卖了1425辆。他之所以取得这样的销售业绩，就归功于他用关怀温暖了每一个人。

有一天，一位中年妇女走进了他的展销室，她说想在这儿看看车打发一会儿时间。闲聊之中，她跟乔·吉拉德说她想买一辆跟她表姐开的一样的白色的福特车，可是对面福特车行的销售人员让她一小时之后再过去，所以她就先来这儿看看。她说："今天是我55岁生日，我想买这辆汽车来作为送给自己的生日礼物。"

"生日快乐！夫人。"乔·吉拉德一边说，一边请她进来随便看看，接着就出去交代了一下，然后回来对她说，"夫人，您喜欢白色车，既然您现在有时间，那我就给您介绍一下我们的双门轿车——也是白色的。"

当他们正谈着时，女秘书走了进来，把一束玫瑰花递给了他。他把花送给了那位女士，说："祝您长寿，尊敬的夫人。"

这位女士很受感动，眼眶都湿了。她说："已经很久没有人送我礼物了。刚才那位福特的销售人员一定是看我开了辆旧车，以为我买不起新车，我刚要看车，他却说要去收一笔款，于是我就上这儿来等他。其实我只不过是想要一辆白色的车而已，因为表姐的车是福特的，所以我也想买福特的。现在想想，不买福特的也可以。"

最后,她从乔·吉拉德这儿买走了一辆雪佛兰,并写了张全额支票。其实从始至终乔·吉拉德的话里都没有劝她放弃福特而买雪佛兰的词句。只是因为她在这里感受到了被重视与关心,所以才放弃了原来的打算,转而选择了乔·吉拉德销售的产品。

可见,作为销售人员,你对客户付出了真诚与关心,就能赢得客户。因此,任何一位不愿意失去成交机会的销售人员都要拥有一颗爱人之心,应当努力去营造彼此友善相处的良好沟通氛围,这样才能在销售中无往不利。

销·售·金·言

人们常说:"爱心有多大,事业就可以做多大。"爱是这个世界上任何人都无法拒绝的。所以销售人员在拓展事业时,对待客户要有爱心。也许客户会拒绝你的产品,但不会拒绝你的爱心和关心。作为销售人员,你要爱你的产品,爱你的客户,这样你才能得到客户的回报。如果对客户和周围的事情持冷漠、无动于衷的态度,那样是当不好销售人员的。人人都需要关心。如果你还没有开始关心客户,那么就从现在开始吧,因为关心永不言迟。

客户对稀少的东西都想占有

"二战"期间,一位印度老人拿了三幅名画到市场上去卖,恰好被一位美国画商看中。这位美国人自以为很聪明,他认为既然这三幅画都是珍品,就一定有收藏价值。如果买下这三幅画,经过一段时期的收藏它们肯定会大大涨价,到时一定会发一笔大财。于是,他问那位印度老人:"先生,你带来的画不错,如果我要买,要多少钱一幅?"

"你是三幅都要呢,还是只买一幅?"印度老人反问道。

"三幅都买怎么讲?只买一幅又怎么讲?"美国人开始算数了。他的如意算盘是先和印度老人敲定一幅画的价格,然后,按多买少算的原则,把其他两幅一块买下,那样肯定能占点儿便宜。

印度老人并没有直接回答他的问题,只是表情上略显难色。美国人却沉不住气了,他说:"那你开个价,一幅要多少钱?"

这位印度老人是一位地地道道的商业精,他知道自己画的价值,于是装作漫不经心地样子回答说:"先生,如果你真心诚意地想买画,我看三幅800美元吧!这很便宜的!"

美国画商并不是商场上的庸人,他抓住多买少算的砝码,一美元他也不想多出,于是,两个人开始讨价还价,谈判陷入了僵局。

只见那位印度老人拿起一幅画,二话不说就把画烧了。

美国画商十分吃惊,他从来没有遇到过这样的对手。对于烧掉的一幅画他是既惋惜又心痛。于是他小心翼翼地问印度老人剩下的两幅画卖多少钱。

想不到印度老人要价的口气更是强硬,两幅画少于800美元不卖。

美国画商觉得太亏了——三幅画800美元,少了一幅画,还要800美元。于

是，美国商人强忍着怒气仍然拒绝，只是要求再便宜点儿。

没想到，印度老人竟然又怒气冲冲地拿起一幅画烧了。这回，美国画商可真是大惊失色，只好乞求印度老人不要把最后一幅画也烧掉，因为他太喜欢这幅画了。他接着又问这最后一幅画多少钱。

想不到印度老人开口还是800美元。这一回画商有点儿急了，问："三幅画与一幅画怎么能一样呢？你这不是存心戏弄人吗？"

印度老人见这位美国画商还想讨价还价，于是便说："这三幅画出自知名画家之手，本来有三幅的时候，相对来说每幅价值小一些。现在只剩下一幅，可以说是稀世珍宝。它的价值已经大大超过了三幅画都在的时候。所以现在800美元我也不卖了，最低得出价1000美元。不然，我还会烧掉它！"

这下，画商真着急了，生怕印度老人把第三幅画也烧掉。他一手按着画说："1000美元，我买了！"

后来有人问印度老人，为什么要当着画商的面把两幅画烧掉呢？老人说："物以稀为贵。美国人有个习惯，喜欢收藏古董名画。他若是看上了，是不会轻易放弃的，肯定会出高价买下。而且我从这个美国商人的眼神中看出，他已经看上了我的画，于是心中就有了底。所以我当面烧掉两幅画，留下一幅卖高价呀！"

这个故事中的老人采用的是典型的物以稀为贵的销售方式。从心理学的角度看，短缺因素对商品的价值会有很大影响。人们对稀少的东西都有着本能的占有欲，总是害怕得不到或者失去。在消费购物方面，则表现为越是稀少的东西，人们就越想买到它。

因此，作为销售人员，就可以利用客户的这种心理，使用"数量有限"的策略。当你把某种商品供应比较紧张、不能保证一直有货的情况告诉客户，就会促使客户及早地采取购买行动。

戴维是一位非常优秀的销售人员，他先后销售过十几种商品。虽然面对的客户有所不同，但是他在销售产品时，总是能够巧妙地运用短缺原理来促使客户尽快做出决定。下面看看他是怎样跟客户沟通吧。

"先生，这件工艺品我们公司总共才生产了1000套。在未上市前，就已经有很多客户预订了，现在剩下不多了。我很有幸向您介绍这套产品。您可以考虑一下，自己到底需不需要。如果真心需要的话，只要您给一个合适的价格，我就把产品卖给您。否则，过了这个村就没这个店，以后想买都买不到了！"

"先生，这种引擎的敞篷车在本地绝对不会超过10辆，并且工厂里已经不再生产了。如果错过了这次机会，以后想买的话，恐怕也买不到了。"

"您或许应该考虑一下多买一些，最近这款商品很畅销，工厂已经积压了一大堆订单，我不敢跟您保证下次再来的时候还会有货。"

"这种厨具只剩下两套了，而另一套是大红色的，很不适合您，您肯定是不会选择的，而这套我觉得它非您莫属。"

这样的说辞无疑是非常有效的，客户在其影响下，为了使自己不至于因为买不到而后悔，总是会果断地做出选择，先将自己喜欢的商品占为己有，这样才能够安心。这就是戴维的成功之处。

可见，数量有限的信息对消费者的购买决策的确能产生一定的影响。如果销售人员能够把这种策略合理地应用到销售过程中，就能有效地促进销售。所以当销售人员发现客户对某种商品很感兴趣时，如果能够对其进行巧

销·售·金·言

在销售过程中，销售人员只要抓住机会，巧妙地营造卖方市场的氛围，让客户感觉到"是购买产品的最后机会"，往往就很容易引导客户迅速签单。在销售的过程中，销售人员一定要仔细体会"最后机会成交法"，从中找到争取订单的秘诀。

妙地引导，在说明商品质量可靠、价格实惠的同时，再加上这样一个善意的提醒："这款商品刚刚卖出去一套，这恐怕是我们这里的最后一套了，机不可失，如果错过了，就需要等到下个月再来了。""今天是优惠价的最后一天，请把握良机，明天您就买不到这种折扣价的产品了。"当客户听到这种话时，

往往会在害怕买不到的心理作用下，迅速地做出决定，先买回家再说，不能让别人抢了先。因为拥有它的机会变少了，而其对顾客的重要性就相对提高了。

机不可失，时不再来。在销售领域里，这种利用"害怕买不到"的心理促成订单的方法叫作"最后机会成交法"。这种销售技巧是通过缩小选择的时空来促成订单的。不过，在利用客户"害怕买不到"的心理，制造"成交的最后机会"时，需要注意以下几个问题，否则就很难起到促成订单的效果。

1. 要让客户确实感觉到是最后的机会

作为销售人员，无论销售的产品是否是绝无仅有，只要想争取到订单，就应该让客户切实感觉到这是最后的购买机会。只有这样，才能促使客户尽快做出购买决定，迅速签单。

2. 要把握准客户的心理

如果客户本身对产品的兴趣并不大，那采用这种技巧来促成订单显然是无效的。因为即使真的是最后的机会，买与不买对他的影响都不会太大。所以，销售人员只有在客户对产品有浓厚兴趣、志在必得时，才能运用这种"最后机会成交法"。

3. 不要采用恐吓客户的言语

有些销售人员在使用"最后机会成交法"促成订单时，往往喜欢说一些恐吓客户的话，诸如"再不购买就没有了"。这种话，销售人员不是不能说，而是要少说，因为说多了容易让客户感到厌烦，从而产生抵触情绪。所以在使用"最后机会成交法"时，销售人员不要采用恐吓客户的言语，而要明确告诉客户购买该产品的机会不多就行了。

第二章 说亲切感人的话
精彩的开场，才会有精彩的结局

在面对面的销售访问中，开场白的好坏，几乎可以决定一次销售访问的成败。换句话说，好的开场白就是销售成功的一半。大部分客户在听销售人员说第一句话的时候要比听后面的话认真得多。听完第一句话，很多客户就自觉或不自觉地决定了是尽快打发销售人员走还是准备继续谈下去。因此，销售人员要说好开场白，才能迅速抓住客户的注意力，并保证销售访问能顺利进行下去。

销售前摸清客户的"底细"是关键

销售员：李经理，我发现贵公司的人都很实在，比如那名采购经理老王就很讲义气。

客户：哦，是吗？

销售员：当然！上次他……

说着说着，这名销售员发现客户的脸色越来越难看，之后他直接被客户"扫地出门"了。后来，通过打听才知道，原来这个李经理和王经理一直都不和。

原本这个销售员只是想套套近乎，没想到却直接撞到了枪口上。其实，客户的内部关系，比我们想象中的要复杂。因此，在没有弄清楚对方的底细前，千万不要妄加评论，不要逞一时口舌之快，以防踩到雷区。

美国著名的汽车销售大师乔·吉拉德曾经说过："如果我们想把东西卖给某人，就应该尽自己所能去搜集关于他的有利于我们销售的所有情报。不管我们销售的是什么，只要我们每天肯花一点儿时间来了解自己的客户，做好准备，铺平道路，那么就不愁销售不成功了。"充分了解客户的信息，掌握与他有关的详细资料，可以帮助我们在销售中占据主动地位，顺利地开展销售工作，从而收到事半功倍的效果。

约翰是一名出色的计算机销售员，一次，他的主管通知他去激发一家报社客户，这个客户是当地知名的A报社。

这家报社最近是否有采购计划？谁负责采购工作？应该找谁打通关口？……在和客户接触之前，他得把客户的这些基本资料事先准备好。

第二章
说亲切感人的话

约翰先找到了A报的网站，详细了解了对方的相关资料，包括地理位置、报社结构、经营理念、联系方式等。他把这些资料都详细记录到了自己的客户资料文件夹里。

不仅如此，他还去找了几个报社的朋友，对报社纸行业的计算机系统做了些了解。他还顺便打听了一下A报的情况。他通过朋友得知，A报的信息中心有一位叫马克的工程师，他负责和厂家联系，最近他一直都在关注互联网数据中心方面的信息。

约翰在知彼的同时，也"知己"，他在公司的市场活动时间表中，知道公司过几天会举办一个新产品发布会。

当约翰一切准备就绪后，没有直接上门，而是给马克打了一个电话。

"您好！请问是马克先生吗？"

"我就是。"

"马克，您好。我是××计算机公司的约翰，我们将要在本月20号举办一个新产品发布品，现盛情邀请您参加。"

"哦，但我时间还不能确定。"

"我们为这次的产品发布会特意请来了对互联网数据中心很有研究的电子商务专家，您一定会受益匪浅的。"

"关于数据中心的演说？有时间的话，我一定去！"

"好的，那我现在就把请柬给您寄过去，之后会提前与您电话确认。另外，我可以了解一下A报的现状吗？以便我详细记录在案。"

"可是，我马上就得去开会了。"

"为了不耽误您的会议，我会尽快。上周，我去外地出差时，在很偏僻的报摊上也买到了A报。可见，贵报发展迅猛。我知道，信息系统是报社调整发展的推动力。请问，您现在的工作重点在哪块儿呢？"

"正是互联网数据中心这块儿。我前段日子刚去了H城，开了一个这方面的研讨会。"

"是吗？真巧啊。我也总去H城，您喜欢那儿吗？"

"嗯。那儿气候宜人，非常舒适。"

"我觉得那儿的小吃也很地道。您觉得呢?"

"确实很不错。特别是土著馅儿饼,很有特色。对不起,我得去开会了。"

"好的,谢谢您。我马上寄请柬给您,产品会上见!"

一周过后,在马克的办公桌上出现了一份精美的请柬及几盒口味各异的H城土著馅儿饼。

后来,马克出席了新产品发布会,并特意当面感谢约翰的热情周到。A报也顺理成章成了约翰的一个大客户。

上例中的约翰之所以能一举拿下大客户,正是在与客户当面接触之前,做好了全面的准备:先通过网站、朋友等途径来了解客户。再电话进行"探底",摸清客户的喜好。然后再"投其所好",殷勤服务。当买卖双方第一次见面时,客户已经对销售员印象颇佳。这就是一场成功的"有准备的仗"。

那么,当我们的客户是单个人时,都应该从哪几方面入手来了解他的信息呢?

1. 姓名

人们对自己的姓名都十分敏感,作为销售员,如果我们能够事先弄清楚客户的姓名,在与客户见面时能准确地称呼对方,就会增加对方对我们的好感,给工作带来便利。

2. 籍贯

如果我们和客户是老乡,那么利用老乡关系来拉近与客户之间的距离会产生很好的效果。

3. 学历和经历

了解客户的学历或经历有助于我们与其进行寒暄,使交谈气氛变得融洽。比如,有一位销售员了解到客户和自己一样,都曾经在部队里做过话务员,于是他和客户一见面,就谈起了收发报,两人谈得兴致勃勃,最后在愉快的氛围中达成了交易。

4. 家庭背景

了解客户的家庭背景,然后投其所好,是很多销售员取得成功的撒手锏。比如,一位销售员了解到客户的儿子喜欢集邮,在与客户见面时就送上了一些邮票，迅速得到了客户的好感。

5. 兴趣爱好

每个人都喜欢听赞美的话，所以了解客户的兴趣爱好，并对其加以赞美，可以收到意想不到的效果。比如，一位销售员了解到客户喜欢书法，于是他就先和客户交流了些书法方面的心得体会，并赞美客户的书法水平高超，最后得到了订单。

销·售·金·言

知己知彼，才能百战百胜。一个人即便临场发挥再好，随机应变能力再强，如果对客户一无所知或者认识错误，也仍然无法打胜仗。因此，在拜访客户之前，无论是查资料，还是询问知情人士，一定要想方设法去摸清客户的"底细"，有备才能无患。

在销售之前，若我们把以上客户的信息做个全面清楚的了解，并做好相应的准备与计划，那么无论面对多么固执的客户，我们都有可能取得成功。

当我们的客户是团体时，应该从哪几方面来了解其信息呢？

1. 经营状况和信誉情况

销售员要了解客户公司的经营状况和信誉情况，不要和经营不善或不讲信用的单位打交道；否则，即使销售成功了也要为讨债而奔波。因此，在销售前要考察好对方的资金实力与信誉度。

2. 采购的负责人

销售员要了解客户公司在做出购买决策时所涉及的关键人物都有谁，如发起者、影响者、决策者、购买者和使用者等。只要打通上述环节，成交就会变得很容易。

3. 其他相关信息

为了获取销售的成功，销售员除了要了解以上信息外，还需要了解对方诸如企业名称、性质、规模、内部人事关系等方面的信息。

总之，作为销售人员，只有充分了解客户的信息，并在此基础上做好准备和计划工作，才有可能赢得销售的成功。

搭讪客户，说好第一句话

对于一个销售者来说，学习一些常用的搭讪客户的方法是十分必要的。俗话说："好的开始等于成功的一半。"与客户搭讪的第一句话很可能决定了我们是否能够得到客户的喜欢与信任，所以一定要说好。只有说好开场白，才能成功引起客户与我们谈话的兴趣，从而保证销售能顺利进行下去。

销售员小王如约来到客户的办公室，见到客户微笑地说："李总，您好！看您这么忙还抽出宝贵的时间来接待我，真是非常感谢啊！"

"李总，看您这办公室装修得虽然简洁却很有品位，可以想象得到您肯定是个非常干练的人！"

"这是我的名片，请您多多指教！"

"李总以前接触过我们公司吗？"

"我们公司目前是国内最大的为客户提供个性化办公方案服务的公司。我们了解到，现在的企业不但关注提升市场的占有率和利润空间，而且还关注怎样节省管理成本。考虑到您是企业的负责人，相信您对怎样最合理地配置您的办公设备、节省成本也一定很关注。所以今天来这儿是想和您简单地交流一下，看看是否有什么我们公司能协助的。"

"请问，贵公司目前正在使用哪个品牌的办公设备呢？"

只见李总面带微笑，详细地和小王交谈了起来。

开场白要达到的目标就是吸引客户的注意力，引起对方的兴趣，使其愿意和我们继续交谈下去。例子中的小王就是通过很好的开场白吸引了客户，从而向促成销售迈进了一步。

那么,作为销售人员,怎样才能通过短短的几句话就成功吸引客户的注意力呢?下面就给大家介绍几种常用的技巧。

1. 激发好奇心

心理学研究证明,好奇心是人类行为的基本动机之一。作为销售人员,我们可以借助人人皆有的好奇心来激发客户的兴趣,引起客户的注意。比如,先制造神秘气氛,引起客户的好奇,然后在解答疑问时,再有技巧地把自己的产品介绍给客户。

有一个很老的例子。一名销售员对客户说:"王总,您知道世界上最懒的东西是什么吗?"客户听到这样的话,感到很好奇。销售员继续说:"就是您藏起来不用的钱。您本来可以用它们来购买我们的空调,让自己度过一个凉爽的夏天。"

当然,我们也大可不必就这样直接说到自己的产品,而是可以单纯地与客户聊一些他感兴趣的话题。

2. 借助调查

这种方法就是利用调查的机会搭讪客户,它隐藏了销售这一目的,是在实际中很容易操作的方法。例如,我们可以说:"小姐您好!可以打扰您几分钟吗?我是××公司的美容顾问,我想请您帮忙做个问卷调查,回答问卷上以下几个问题。"

"(1)您经常感到皮肤干燥发涩吗?"

"(2)您是否觉得自己很累呢?"

……

"如果您有机会学习改善以上问题的方法,您愿意抽出1~1.5个小时的时间吗?"

如果客户愿意的话,我们就可以这样说:"非常感谢您的合作。为了表示对您的感谢,我想赠送您一堂免费的美容课,课上我会教您如何正确地保养皮肤,您还可以免费试用我们的产品。您看,这个星期什么时候比较方便?"

如果客户不愿意,则可以这样说:"非常感谢您的合作。为了表示感谢,

以后我会定期寄一些本公司有关皮肤保养和产品介绍的小册子给您,您是否愿意把地址和电话留给我呢?"

3. 提供有用的信息

对于客户来说,有用的信息是比较有吸引力的。所以,如果我们向客户提供一些对他们有帮

销·售·金·言

专家们在研究销售心理时发现,洽谈中的客户对刚开始的30秒钟所获得的信息,一般比以后10分钟里所获得的印象要深刻得多。可以说搭讪的好坏,几乎可以决定销售的成败。所以销售员在与客户交谈时需要运用有效的搭讪方法,才能引起客户与我们谈话的兴趣。

助的信息,如市场行情、新技术、新产品知识等,往往会引起他们的注意。比如,可以对客户说:"我在某某刊物上看到一项新的技术发明,觉得对贵厂很有用。"

要做到这一点,需要销售员能站在客户的立场上,为客户着想,多多阅读报刊,掌握市场动态,充实自己的知识,把自己训练成为所从事行业的专家。只要我们所提供的信息对客户是有帮助的,客户一定会耐心地听我们说下去。此外,这样做还表现出了对客户利益的关心,可获得客户的尊敬和好感。

4. 利益引导

客户通常只关心自己的利益。通俗地说,几乎所有的人都对钱感兴趣,省钱和赚钱的方法很容易引起客户的兴趣,所以我们可以一开始就将自己能带给客户的利益说出来。比如,我们可以说:"马经理,我想告诉您一个能让贵公司节省一半电费的方法。""李总,我们的机器比您目前使用的机器速度快、耗电少、更精确,能大大降低生产成本。"

5. 借助引荐

通常,人们都有"不看僧面看佛面"的心理,所以,大多数客户对亲友介绍来的销售员都比较容易接受。比如,我们可以说:"田先生,您的好友彭总让我来找您,他认为您可能对我们的产品感兴趣。因为这些产品为他的公司带来了很多好处。"

需要注意的是，在使用这种方法时，千万不要自己杜撰，而应确有其人其事；否则，客户一旦"追查"起来，麻烦就大了。为了让客户相信我们，我们最好能出示引荐人的名片或介绍信。

把话说到客户心里去

第一次见面,可以不谈销售而谈感情

在销售过程中,当很多销售员满怀热情地去销售产品时,常常是一开口就遭到了拒绝,大多数客户不是说没时间就是说对你的产品不感兴趣。之所以会遭遇这样的尴尬,或者客户真的没有时间,或者客户对销售抱有抵触心理。那么如何避免一开口就遭到拒绝的尴尬呢?

既然客户强烈排斥销售,那我们就先不谈销售产品的事,先把客户的注意力从销售上转移开,争取客户的好感与信任后,再谈销售就会容易得多。

小张是一个卖电动拖把的销售员,每次上街,他都能把拖把全部卖掉,而他的客户竟然大部分是一些养狗人士。那他是怎么做到的呢?

每当他走在街上,只要遇到遛狗的陌生人,他都会热情地走上前去搭讪:"哎呀,这小狗真可爱!是纯种××吧?"

陌生人见他一脸欢喜、热情地夸赞自己的小狗,并且对狗又好像很了解似的,很快就没有了防备之心,并高兴地回答道:"是啊,快一岁了。"

小张接着说:"这小家伙的毛色真好,你肯定每天都给它打理吧?"

陌生人回答道:"是啊,它就像是我的孩子,每天都需要操心。不过也习惯了,没了它还真不行。"

小张顺着陌生人的话说:"人确实不能太孤单了。有只小狗陪着,能帮助排遣孤寂,调节精神,这对健康是很有利的!"

听了小张的话,陌生人感觉很舒服,便不自觉地与他聊了起来。小张一看时机成熟了,就把话题引向了关键处,他说:"掉毛的时候应该很烦心吧?"

陌生人说:"是啊,掉毛的时候最麻烦,特别是那些小角落,总是拖不干净,还把人累得够呛!"

小张立刻抓住这个机会,说:"哎呀,您要是使用那种能灵活转动的电动吸尘拖把,就能轻松地解决问题啦。"

"哦?你好像很了解啊。那你有什么好推荐的吗?"

"我这边有一款产品……"

就这样,小张巧妙地转换了话题,自然地销售起自己的产品来。可以说,他使用这一招屡试不爽,每次都能销售成功。

那么,小张是怎样轻易得到陌生客户的信任的呢?那就是:他把客户的兴趣与产品结合起来,用爱犬作为媒介和主人"搭上腔",热情地聊些生活话题,以引起狗主人的共鸣,在聊天的过程中把对方引向"正轨",最后达成目标。

许多成功的销售员的销售经验都证明了这一点:开始时,要想成功接近陌生人,就必须用一些陌生人能接受的话题"抛砖引玉",这是成功销售的最基本法则。

试想一下,如果话还未投机,你就开门见山地让对方买你的产品,那只会让对方觉得"你目的不纯",只会让自己撞个头破血流。因此,第一次见面时,切记心急吃不了热豆腐,千万不要急急忙忙地把你的产品摆出来,而应该聊聊"家常",侃侃"大山",等到了火候再进入正题也不迟。

乔·库尔曼是美国的金牌保险销售员,他在29岁时就成了业绩一流的销售员。

有一次,乔·库尔曼想拜访一个叫罗斯的客户。这位客户平时非常忙,每个月至少要乘飞机飞行10万英里。库尔曼提前给罗斯打了个电话:"罗斯先生,我是人寿保险销售员,是理查德先生让我联系您的。我想拜访您,不知道可不可以?"

"是想销售保险吗?已经有很多保险公司的销售员找过我了,我不需要,况且我也没有时间。"

"我知道您很忙,但您能抽出10分钟吗?10分钟就够了,我保证不向您销售保险,只是跟您随便聊一聊。"

"那好吧,你明天下午4点钟过来吧。"

"谢谢您!我会准时到的。"

经过库尔曼的争取,罗斯终于同意了他拜访的请求。第二天下午,库尔曼准时到了罗斯的办公室,他十分有礼貌地说:"您的时间非常宝贵,我将严格遵守10分钟的约定。"于是,库尔曼开始了尽可能简短的提问,让罗斯多说话。10分钟很快就到了,库尔曼主动说:"罗斯先生,10分钟时间到了,您看我得走了。"此时,罗斯先生谈兴正浓,便对库尔曼说:"没关系,你再多待一会儿吧。"就这样,谈话并没有结束,接下来,库尔曼在与罗斯先生的闲谈中又获得了很多对销售有用的信息,而罗斯先生也对库尔曼产生了好感。当库尔曼第三次拜访罗斯先生时,顺利地拿下了这张保单。

总之,销售往往不是产品之战,而是"交心"之战,最高的境界就是不谈销售却能达到销售的目的。作为销售员,见面不谈销售,不但能消除客户的警戒心理,避免自己的销售行为被扼杀在摇篮之中,还能了解更多的客户信息,赢得客户的好感。只有这样以静制动,才能掌控主导权,从而为之后的成功销售铺好道路。

销·售·金·言

作为一名聪明的销售员,就应该学会"明修栈道,暗度陈仓"。在第一次见面时,千万别把"销售"两字挂在嘴上,否则会让别人觉得你目的不纯。另外,还要保持良好的心态,要面带微笑,不要给自己和客户压力,这样在客户面前才会显得更具有亲和力。

没有热情就没有销售

爱默生曾说:"缺乏热情就无法成就任何一件大事。"热情是一种工作状态,一种为工作、事业和客户服务的积极态度。美国著名女企业家玫琳·凯也曾说:"对于每个销售人员来说,热情是无往而不利的,当你用心灵、灵魂依赖你所销售的东西时,其他人必定也能感受得到。"作为一名销售员,你所面对的是一个人,要做的是心与心的交流。如果在工作中充满热情,就能从自身散发出活力,表现出真诚与自信,这种朝气蓬勃的状态能够感染客户,引起客户的共鸣。这种热情的态度在销售的开场中尤为重要,一场火热的开场白能够迅速抓住客户的神经,让客户的思维跟着你的语言走。

一天,人们把一条偏僻的小巷子挤得水泄不通,原来情况是这样的:

有一位中年男人,先是拿出了一瓶强力胶水,又拿出了一枚金币,然后他在金币背后涂上了一层薄薄的胶水,并把金币贴到了墙上。他说:"各位朋友,大家都看到了,这是一枚500法郎的金币,我是用一种新型的强力胶水粘住的,看谁能揭下这块500法郎的金币。谁能揭下来,这个金币就归谁。"没过多久,一个接一个的人都来碰运气,都想揭下墙上的那枚金币。

小巷子里的人来来往往,可最后没有一个人能揭下那枚金币,金币仍然牢牢地粘在墙上。

"各位,大家都看到了,也都试过了,可是没有人能够把金币揭下来,是吗?"

"是的。"大家异口同声地说。

"那为什么呢?不是因为大家力气不够大,而是胶水的粘力太强了,这就

是我厂最新研制成功的××胶水。"

原来，那位中年男人是一个老板，由于他的店铺位置偏僻，生意不好，所以他就想出了这个奇妙的销售方法。那天，虽然没有一个人拿下那枚金币，但是大家都认识了一种新的强力胶水。从此以后，那家商店的胶水供不应求。

上例中的老板之所以能让生意变得红火起来，就在于他与众不同而又火热的开场方式。虽然人们对粘了胶水的硬币感兴趣，但是他的一番话更能激发人们积极地参与到"揭硬币"活动中来。可

销·售·金·言

要想开场白说得好，就要有真正的好口才。而好口才来自于对客户热忱的态度。只有用热情的语言，才能表现出对客户的尊重，让客户有亲切感，从而对销售人员产生信任感。

见，开场白中火热的语言确实能带动人们的思绪，激发人们想进一步了解产品的欲望。

作为一名销售人员要明白，热情之所以重要，不仅因为它可以激发出我们自身的潜能，还因为客户有这种需要。一般来说，大部分客户都喜欢和热情开朗的销售员做交易，因为他们认为，态度热情的销售员总能带给他们快乐的感受和周到的服务。所以说，要想成为一名优秀的销售员，在开场中就要表现出自己的这种热情，用热情去打动客户，唤起客户对你的信任与好感。这样，交易才能顺利完成。

那么，我们在开场中怎样做才能表现出自己的热情呢？

1. 事前进行自我激励

热情与笨拙的虚情假意会带来两种完全不同的结果。前者是搭起沟通的桥梁，而后者却会毁掉这座桥梁。因此，为了能以高度的热忱和客户对话，在进行销售之前不妨先进行自我激励，比如，说些鼓舞自己士气的话。这是一种非常有效的方法，其效果就像比赛前教练对运动员讲话一样，它能使你在销售的时候讲得更好，从而更成功。

2. 态度诚恳，声音响亮

任何人都不喜欢和一个虚伪狡诈的人沟通，因此，销售人员在和客户沟通的过程中，态度一定要诚恳，说话也要恰如其分，符合双方的身份。这样才能让客户感受到销售人员是诚实的，是可以信任的。

此外，销售员要保持亲切、响亮的声音，这样才能使客户感到愉快，从而对销售人员产生信任。热情的语言也表现了热忱的态度。

3. 始终微笑面对客户

在销售开场中，要设法避免重复、机械的手势或回答，否则，这种开场将会显得生硬、冷淡。俗话说"伸手不打笑脸人"，只要我们平时经常锻炼脸部肌肉，随时保持真诚的微笑，就一定能够感染他人。

寒暄,是架起"客户友谊"的桥梁

日本的销售之神原一平曾经说过:"寒暄是建立人际关系的基石,也是向对方表示关怀的一种行为。寒暄内容与方法得当与否,往往是一个人的人际关系好坏的关键,所以要特别重视。"可以说,寒暄是人际交谈的催化剂,它能够在彼此之间架起一座桥梁,满足人们的亲和心理。如果寒暄恰到好处,就能够吸引客户的注意力,收到抓住人心的效果,特别是随着与客户谈话内容的深入,还能起到潜移默化的导引作用。

贝尔纳·拉迪埃是空中客车飞机制造公司的销售能手,当他被推荐到空中客车公司时,面临的第一项挑战就是向印度销售飞机。这是一件棘手的任务,因为这笔交易已由印度政府初审,未被批准,能否重新寻找到成功的机会,全看销售代表的谈判本领了。

作为销售代表,拉迪埃深知肩上的重任。他稍做准备就立刻飞赴新德里。接待他的是印度航空公司的主席拉尔少将。拉迪埃到印度后,见到他的谈判对手后说的第一句话是:"正因为你,我有机会在我生日这一天又回到了我的出生地,谢谢你!"这句话一语中的,很有效果,迅速拉近了他和拉尔少将的距离,进而成功销售出自己的飞机。

拉迪埃靠着娴熟的销售技巧,为空中客车公司创下了辉煌的业绩。仅1979年一年,他就开创了销售出230架飞机的纪录,为公司创造利润420亿法郎。这当中,应该说也少不了他善于寒暄的功劳。

上例中"正因为你,我有机会在我生日这一天又回到了我的出生地,谢谢你！"这是一句非常得体的开头语，它简明扼要，却蕴涵着丰富的内容。它表达了好几层意思：那天是他的生日；印度是他的出生地；而能在生日当天这个值得纪念的日子回到自己的出生地完全得益于对方，因此，他感谢主人赐予的机会。这句话并不冗长，但却简明扼要，自然拉近了拉迪埃与拉尔少将的距离。所以说，拉迪埃的印度之行取得成功也就不足为奇了。

寒暄是正式交谈的前奏，它的"调子"定得如何，直接影响着整个谈话的过程。因此，对寒暄绝不能轻而视之。那么，如何做好寒暄呢？具体需要注意以下三点。

1. 要有主动热情、诚实友善的态度

寒暄时选择合适的方式、合适的语句是很有必要的，但这还有赖于主动热情、诚实友善的态度。只有把这三者有机地结合起来，寒暄的目的才能达到。试想，当别人用冷冰冰的态度对你说"我很高兴见到你"时，你会有一种什么样的感觉呢？当别人用不屑一顾的态度夸奖你"我发现你很精明能干"时，你又会做何感想呢？推己及人，我们寒暄时不能不注意态度。

2. 适可而止，因势利导

无论做什么事情都应该有个"度"，寒暄也不例外。恰当适度的寒暄有利于打开谈话的局面，但千万不要没完没了、时间太长了。当然，如果对方有兴致聊则除外。有经验的销售员，总是善于从寒暄中找到契机，因势利导，言归正传。

3. 善于选择话题

作为销售人员，寒暄时选择的话题也是有讲究的，要注意话题的轻松性，话题的切入要自然。有了自然、轻松而得体的话题，再加上诚恳、热情的态度，销售中和谐的交谈气氛也就自然地创造出来了，这就为下一步的销售工作打下了良好的基础。

一般来说，在寒暄时可以选择下面的话题作为开头：

（1）天气。天气几乎是中外人士最常用的普遍的话题。天气对于生活的影响很大。天气很好时，不妨一同赞美；天气太热时，也不妨说出来交换彼此的苦恼。如果有什么台风、暴雨或者季节性流行病的消息，更值得拿出来谈

谈，因为那是人人都关心的话题。

（2）自己闹过的一些无伤大雅的笑话。比如买东西上当、语言上的误会等。这一类的笑话，大部分人都爱听。开开自己的玩笑，不但能够博人一笑，还会让人觉得你为人随和，很容易相处。

销·售·金·言

销售中，寒暄起到了联络感情、拉近心理距离的作用，它能在两个陌生人之间架起一座友谊的桥梁。因为初次见面时，客户一般都有戒心，对销售人员有一种自然的防备心理。为了打破相互之间的隔膜，销售员可以与客户寒暄一番，这样就可以迅速拉近与客户的距离，实现进一步沟通。

（3）医疗保健。这也是人人都非常感兴趣的话题。比如著名的医生，对流行病的医疗护理，自己或亲友养病的经验，怎样可以延年益寿，怎样可以增强体质，怎样可以减肥，等等。这一类的话题可能纯粹就是一家之言，但它能吸引人的注意力，而且也没有什么不好。尤其在遇到对方或其家人健康有问题的时候，假如你能提供有价值的意见，那他会非常感激你的。

（4）轰动一时的社会新闻。这也可以作为闲谈的资料。如果你有一些特有的新闻或特殊的意见和看法，那就足以把客户吸引住。

（5）家庭问题。主要是指每个家庭里需要知道的各方面的知识，比如儿童教育、购物经验、夫妻相处、亲友间的交际应酬等，也会使大多数人产生兴趣，特别是家庭主妇们非常关心这类问题。

当然，除了上面几点外，还有许多可以作为闲谈的资料，比如运动、娱乐、政治和宗教等。

我们都知道，在体育比赛之前，都需要做一些热身运动。其实，寒暄就是交谈的热身运动，是为交谈做准备的。寒暄可以使双方放松一些，熟悉一些，营造出一种有利于交谈的氛围。通过寒暄，大家可以更加了解对方，有利于找到共同的话题，有利于采用策略进行深入地交谈。因此，在和客户交谈时，千万不要轻视寒暄的作用。

遇到老客户，寒暄的热情仍然不能少

很多销售人员认为自己和客户之间就是简单的契约关系，客户只要签完约，就和客户再无瓜葛了。所以他们在遇到老客户时，就没有了对待新客户的那股热情，主动寒暄的意识更是全无。作为销售人员，如果抱着这样的心态去和客户做生意，那你做的恐怕只能是一次性买卖，是不会有回头客的。其实，寒暄不但能拉近我们与新客户之间的距离，还能使我们与老客户之间的感情更进一层。

销售员：荣小姐您来了！上次您在我们这儿拍的写真，感觉如何？

顾客：很好啊，我朋友都说挺好看的！

销售员：是吗？太好了。不过这也是理所当然的，我们的摄影师都说您无论是身材还是皮肤都很好，自然很上镜。

顾客：你过奖了！

销售员：对了，您看我都忘记了，您今天过来，需要什么服务呢？

顾客：我想拍婚纱照。

销售员：是吗？那真恭喜您了！婚期在什么时候呢？

顾客："十一"期间。

销售员：哦，那首先恭喜您要做新娘了。

顾客：谢谢！

销售员：荣小姐，您这个时候拍婚纱照很合适，因为从开始拍到取照刚好需要20天左右。我推荐您拍这个套系，这是目前最好的优惠套系，可以说是物美价廉，现在只剩下3套了，我帮您订一套吧，您觉得怎么样？

顾客：嗯，行吧，我相信你的建议。

上面故事中的影楼销售员在接待老顾客时，开场白开得非常成功。之所以如此，有一个很重要的原因就是她在谈话中合理、适当地运用了寒暄，面对老客户她同样表现得很热情。她的寒暄技巧值得大家学习。首先，她能准确地称呼客户，让客户觉得有种老朋友的感觉。然后，她又提到上次的消费，让客户回忆起自己快乐的消费经历。经过一番简单的寒暄之后，她又得知客户婚期将至，于是再次恭喜其要做新娘了。这些虽然只是寒暄之辞，可是能让顾客听后感到非常舒服，从而拉近了彼此的距离，进而占据了谈话的主动权，对客户的心理也进行了全方位的把握。最终，她顺利地让客户接受了自己推荐的套系。

销·售·金·言

销售中，恰到好处的寒暄能帮助销售员迅速消除初识新客户的戒心，增进与老客户的感情。所以，在遇到老客户时，也应该热情地寒暄一番；如果视而不见，就会给对方留下不好的印象，从而使你的销售工作遇阻。

如果说与新客户寒暄是一种打消彼此防御心理的方法，那么与老客户寒暄就是一种礼貌，这是在与老客户接触中的一个比较重要的问题。只有先联络一下彼此之间的感情，才能更好地切入主题。

那么，作为销售员，应该怎样和老客户寒暄呢？

1. 准确地称呼对方

在与老客户寒暄时，一定要准确地称呼对方，切忌记错对方的名字，否则，会让其觉得你不尊重他，甚至会对你产生反感。戴尔·卡耐基就曾说过："一种最简单而又最重要的获取他人好感的方法，就是牢记对方的名字。"因此，无论客户是什么身份，也无论你们之间的关系怎样，都要努力把他的容貌、名字和职务等牢记清楚。这样不但会增强你的记忆能力，更会使你在下次与老客户寒暄时让其迅速对你产生好感，从而使你的销售顺利无阻。

2. 谈及上次和客户合作的愉快经历

由于和老客户有过愉快的合作，所以此时销售人员如果能提及上次的合作情况，或者询问客户对产品的使用情况，就能让客户产生继续交谈的欲望，也能体现出你对他的关心。如此，客户对你的印象自然更好。

3. 开始时要表达感激之情

销售员的薪水和企业的利润都来源于客户，所以说客户是他们赖以生存和发展的基础。可以试想一下，如果公司连续数月或一年没有客户光临，那么离关门也就不远了。因此，销售人员在和客户接触之前就应该怀着一颗感恩之心，这是很重要也很必要的，应当感谢客户腾出时间来见你，感谢客户给你介绍产品的机会，更要感谢客户认可你的产品和劳动。比如可以这样说："李总，很感谢您今天能在百忙之中抽出时间……"

此外，在和老客户寒暄时，还必须注意说话的语气和谈话的氛围，不要过于拘谨，应当尽量引导老客户聊一些轻松的话题，这样，才能够使你们之间的感情更进一层！

让沉默型客户敞开心扉

作为销售人员，我们有时会碰到这样的客户，他们性格内向，不爱说话，在和他们搭讪时，他们往往会表现得很冷淡。他们的沉默有时甚至足以将我们完全击溃。这种就是沉默型的客户。

这种客户的嘴巴掰都掰不开，以至于我们只好厚着脸皮一个人唱"独角戏"。他们一句话也不说，就是那么沉默着听我们说话，而我们却猜不出他们的心里到底是感兴趣还是排斥，甚至从他们的表情中也找不到一点儿启示。

更加让人感到无奈的是，如果我们为了打破僵局，频繁地主动向他们提出问题，那他们就会变得更加沉默。我们越主动，他们的"无声的抵抗"就越持久。直到我们的唠叨使对方感到不耐烦时，他们便开口说："您别费口舌了，请回吧。"这样，我们的搭讪还没开始就结束了。

那么，沉默型客户为什么不回应我们的搭讪呢？一般来讲，客户之所以保持沉默，其心理原因主要有四点：第一，怕一开口便给我们一种自己想买东西的误解，担心我们死缠烂打，给他们带来麻烦；第二，他们自己本身就具有沉默的个性；第三，他们讨厌销售人员；第四，他们的心情不太好。

由此可以看出，沉默型客户虽然不爱说话，可是并不表示他们真的不愿意与我们交谈。只要我们能够把握住他们的心理，给他们创造出适当的说话机会，那么他们还是愿意向我们敞开心扉的。比如，我们可以提一些他们感兴趣的话题，引导对方开口说话。

李洋在刚做销售时就碰到过一位沉默型的客户。这位客户经营着一家有名的糕饼店。李洋在拜访这位客户的时候，对方正忙于糕点的包装。他看了一眼李洋，但一句话也没跟他说。之后，李洋在店内站了很久，仍无法与他进行任何交谈，不得已他只好放弃销售的念头。

不久之后，李洋再次来到这家糕饼店，这次他改变了策略。他走进糕饼店，向正在做糕饼的客户买了几块糕饼，又拿出一块糕饼当场吃了起来，然后开始引导客户："老板，您家的糕点真好吃，是您亲手做的吗？用的都是优质砂糖吧？"

听了李洋这些话，客户便微笑着说："不错，我们店从不使用劣质的糖。外皮是不是很好吃？那都是我亲自烤的，不像别家店用机器烤的那样淡然无味。做生意不完全是为了赚钱。如果为了赚钱用料不足，不但会影响店里的声誉，也对不起自己的良心。哦！我想起来了，你上次好像来过，你是做什么的呢？"

"我是销售××的，今天就是想来您这儿买些饼，因为我的客户非常喜欢吃您家的饼，所以我想买些送他！对了，您对××有兴趣吗？"

客户稍微想了一下，然后说："有点兴趣。这样吧，你晚上再来一趟，到时候咱们再谈好了。"

在上面的例子中，李洋知道做糕饼是客户最熟悉不过的事情，而糕饼能得到顾客的认可，也是对方最引以为做的事。于是，他顺应客户的心理，先用糕饼引起话题，使沉默型的客户有话可说。另外，他积极称赞客户家的糕饼好吃，这就满足了客户的成就感。通过这些，

销·售·金·言

沉默型顾客一般都比较老成持重，稳健不迫，对销售人员的宣传劝说之词虽然认真倾听，但反应冷淡，不会轻易说出自己的想法。因此，销售人员应该避免讲得太多，尽量使对方有讲话的机会，要表现出诚实和稳重，尤其要注意讲话的态度、方式和表情，争取良好的第一印象。一定要好好把握与这种人的关系，因为这种顾客反而会成为忠实的顾客。

李洋成功地打破了与客户之间的僵局，之后再通过引导使客户主动提出谈生意

的事，这样李洋离成功地把产品销售出去就不远了。

其实，尽管一言不发的沉默型客户很难对付，但只要我们多了解一下他们的情况，从他们关心的话题入手，逐渐引导他们开口，还是可以搭讪成功的。

第三章 说好专业话
像专家一样说话,激发客户的购买欲

对于销售人员来说,最重要的就是赢得客户的信任,使其最终购买我们的产品。不过,这需要销售员高超的说话技巧。清晰明了的表达,专业的产品介绍,是赢得客户信赖的利器。

先研究好产品,客户才会信赖你

商场里出现了这样一幕:

"小姐,这台冰箱为什么比那一台贵那么多钱?"一位家庭主妇问道。

"因为这台比另一台要好一些。"售货员小姐答道。

"这个我清楚,可是我想知道的是,到底好在哪里?它有什么突出的优点,要值那么多钱?"顾客不依不饶。

"嗯,这个我不清楚,我只负责卖。"

对于销售人员来说,仅仅博得客户的好感是不够的,更重要的是赢得客户的信任,使其最终购买你的商品才是最终的目的所在。因此,有关商品的专业知识是销售人员必须掌握的。业务素质应该是销售人员的基础"硬件"。

要想成功地打动顾客,销售人员就要将产品的优越性以最吸引人的方式或语句展示给顾客,所以销售人员自己应先对所销售的商品有一个正确的、透彻的认识。比如,你卖香水,就要了解这瓶香水的制造过程、原材料,香味的作用、品味和寓意,要让消费者在使用香水的同时,得到很多受益匪浅的知识,提高自己的格调;你卖空调,就需要你能够根据客户的居住空间,提供最合适的空调机型,并且解决客户的一切技术需要。

如果说,销售95%靠的是热情,那剩下的5%靠的就是产品知识。销售人员成为产品专家后,就能够回答客户提出的任何问题,毫不迟疑并准确地说出产品的特点,熟练地向客户展示产品。只有具备了丰富的专业的产品知识,才能信心十足,进而产生足够的热情,成为销售专家。现在,许多顶尖销售人员最引以为傲的，不是自己的销售业绩，而是他们在其产品或服务方面的渊博知识无人能及。

有一位客户到家具店购买一把办公椅子，销售员带客户看了一圈。

客户："那把椅子价钱怎么算？"

销售员："600元。"

客户："这一把为什么比较贵？隔壁有一把和这个看起来差不多，只要250元。而且从我们外行看来觉得这一把应该更便宜才对！因为那一把确实比较漂亮。"

销售员："这一把进货的成本就500多元了，只赚您50元。"

客户："为什么这把椅子要卖600元？"

销售员："先生，请您坐下来亲身体验一下。"

客户依着他的话，坐了一下，感觉比250元的那款稍微硬一些，坐起来还蛮舒服的。

销售员看客户试坐完椅子后，接着告诉客户：

"250元的那把椅子坐起来较软，您觉得很舒服；而600元的椅子您坐起来却觉得不是那么软，这是因为椅子内的弹簧数是不一样的。我们这款椅子由于弹簧数较多，绝对不会因变形而影响到坐姿。不良的坐姿会让人的脊椎骨侧弯，很多人腰痛就是由长期的不良坐姿而引起的。而且就这把椅子来说，光是弹簧的成本就要多出将近100元。同时这把椅子旋转的支架是纯钢的，它比一般非纯钢的椅子寿命要长一倍，不会因为过重的体重或长期的旋转而磨损、松脱——这一部分坏了，椅子也就报废了。因此，这把椅子的平均使用年限要比那把的多一倍。另外，这把椅子虽然看起来不如那把那么豪华，但它完全是依人体工程科学来设计的，坐起来虽然不是软绵绵的，却能让您坐很长的时间都不会感到疲倦。一把好的椅子对成年累月坐在椅子上办公的人来说非常重要。这把椅子虽然不是那么显眼，却是一把精心设计的椅子。那把250元的椅子很好看，但是质量就差了一点。"

客户在听了这位销售员的说明后，心里想：还好只贵350元，但是为了保

护我的脊椎，就是贵800元我也会购买这把较贵的椅子。

消费者都喜欢专家、顾问式的销售人员。对于销售人员来说，你所掌握的知识以及信息，与客户对比起来，是极为有优势的，你的专业程度远远超过客户。所以，你需要向客户提供的帮助，并不仅仅是为了卖掉产品这么简单，而是应该让产品在客户的生活与工作中发挥最大限度的作用，并且让客户感觉这笔付出物超所值。

> **销·售·金·言**
>
> 术业有专攻，作为销售人员，要对产品的各方面都了然于胸，才能更好地消除客户的疑虑；否则，再怎么花言巧语，也会露出马脚。当客户得不到真实有用的信息时，他就不会相信你说的所有话语，那你之前的努力就都白费了。

因此，作为一名专业的销售员，在进行销售之前，一定要对产品的以下基本特征有充分的了解。

1. 产品的名称

有些产品的名称本身就具有特殊的含义。这些名称可能包含了产品的基本特征，有可能也包含了产品的特殊性能等，所以销售人员必须充分了解这些内容。

2. 产品的技术含量

产品的技术含量指的是产品所采用的技术特征。一个产品的技术含量的大小，销售人员应该心知肚明。在销售时，要扬长避短，引导消费者全面认识产品。

3. 产品的物理特性

产品的物理特性包括产品的规格、型号、材料、质地、颜色、包装和美感等。

4. 产品的效用

销售人员应该知道产品能够为客户带来什么样的利益，这是应该重点研究的内容。因为消费者之所以选择购买某种产品，正是因为该产品能够给消费者带去他所需要的效用。因此，销售人员应该注意以下几点：

（1）品牌价值：随着人们品牌意识的提高，对于很多领域内的产品，消费者比过去更加注重产品的品牌知名度。

（2）性价比：这是理智的消费者会着重考虑的因素，在购买某些价格相对比较高的产品时，这种考虑会更加深入。

（3）特殊卖点：这指的是产品蕴含的新功能、其他产品所无法提供的功能等。

（4）服务：现在人们越来越关注产品的售后服务。但是，产品的服务不仅仅指的是售后服务，还包含销售前的服务和销售中的服务。

用客户听得懂的语言来介绍产品

我们都知道,通俗易懂的语言最容易被大众所接受。不管你说的话多么动听,内容多么重要,沟通最起码的原则就是对方能听得懂你说的话。而在销售行业,每种产品都有自己的专业术语,而这些专业术语又经常是抽象的。销售员如果使用太多的专业术语,客户就会听得一头雾水,如坐针毡。这样即便你说得再多,也是出力不讨好。

所以,在销售过程中,销售员要尽量多用通俗化的语句,要让自己的客户听得懂。如果顾客听不懂你的方言,就要尽量用普通话;顾客不明白你讲的术语或名词时,就要转换成对方熟悉的、易理解的语言;等等。

采购员小张受命为某办公大楼采购大批的办公用品,结果在实际工作中碰到了一种过去从未想到的情况。首先使他大开眼界的是一名营销信件分报箱的销售员。小张跟他介绍了他们每天可能收到的信件的大致数量,并对信箱提出了一些要求。这名销售员听完后脸上露出了大智不凡的神气,考虑片刻后,便认定小张最需要他们的CSI。

"什么是CSI?"小张问。

"怎么?"他以凝滞的语调回答,其中还带着几分悲叹,"这就是你们所需要的信箱。"

"它是纸板做的、木头做的,还是金属做的?"小张问。

"哦,如果你们想用金属的,那就需要我们的FDX了,也可以为每一个FDX配上两个NCO。"

"我们有些打印件的信封会比较长。"小张补充道。

"那样的话，你们就需要用配有两个NCO的FDX转发普通信件，而用配有RIP的PLI转发打印件。"

这时，小张稍稍按捺了一下心中的怒火，说："你的话让我听起来感到很荒唐。我要买的是办公用品，不是字母。如果你说的是英语或者希腊语，或许我们的翻译还能听出点儿门道，弄清楚你们产品的材料、规格、容量、颜色和价格。"

"哦，"他开口说道，"我说的都是我们的产品序号。"

最后，小张运用律师盘问当事人的技巧，费了九牛二虎之力才慢慢从这名销售员的口中弄明白他的各种信箱的规格、容量、材料、颜色和价格。

从这个案例中，我们可以看出，如果一名销售人员在销售自己的产品时，所用的语言都是专业术语，不能让客户清楚地知道产品的特性以及用途，那么就很难成功地销售自己的产品。

销售人员对产品和交易条件的介绍必须简单明了，表达方式必须直截了当。如果表达不清楚，语言不明白，就可能会产生沟通障碍。

另外，销售人员还必须学会使用每个顾客所特有的语言和交谈方式。跟青少年谈话不同于跟成年人的交谈；使专家感兴趣的方式，不同于使外行们感兴趣的方式。下面这个例子就很好地说明了使用适合顾客的语言是多么有效。

一对父子正在建设一座奶牛场，父亲做细木匠，儿子管奶牛，将赚来的钱都投入到奶牛场以扩大牛群，两人都指望有朝一日能够靠这座奶牛场发家致富。这父子俩都承认，在今后10年内，如果父亲发生了什么意外，全家就不可能达成这个目标。因为现在奶牛场尚不能靠一个人支撑下去，还需要不断提供资金。

可是，当销售人员提到，可以给父亲购买足额的人寿保险，以保证他万一发生意外后他的保险金还能继续为奶牛场提供必需的资金，从而把牛群扩大到理想的规模，有必要每年交一笔保险费时，全家人都表示反对，他们说没钱，办不到。

后来，销售人员马上换了一种说法来争取他们："为了保证万一你们当家的遇到不幸，你们仍然能继续达到既定的目标，你们愿意把那两头牛的牛奶送给我吗？只当你们没有那两头牛好了。无论出什么天大的事，它们的牛奶都可以保证你们在将来一定能建成理想的奶牛场。"结果，他做成了生意。

在现实中，很多销售员常犯的错误就是，在向客户介绍产品时，过多地使用技术名词、专有名词，使得顾客如坠雾里，不知所云。试问，如果客户连你所说的话是什么意思都听不懂，你又怎么可能会打动他呢？没有心动，当然也就不会有购买行为。

销·售·金·言

在销售过程中，销售人员要用客户听得懂的语言介绍产品，这是最简单的常识。有一条基本原则对所有想吸引客户的人都适用，那就是如果信息的接受者不能理解该信息的内容，那么这个信息就不可能产生它预期的效果。

因此，作为销售人员，在介绍产品的时候，应尽量使用浅显易懂的词语，切忌使用过多的专业名词，以防让顾客不能充分理解你所要表达的意思。可以把一些术语，用简单的话语来进行转换，让人听后明明白白，这样才能有效地达到沟通的目的，产品销售也才会没有阻碍。

介绍产品，使用数据更有说服力

在营销行业中有这样一句话："销售永远是一个有关数字的游戏。"无论你是多么口若悬河，有些时候，花言巧语往往抵不上几个"数字"的力量。因为，数字比文字更具有客观性和权威性。如果文字是在打感情牌的话，那么数字就是在靠权威说话。数字是信息的重要组成部分，数字能让你的信息听起来更专业、更可靠。对客户来说，这样的信息也更具有说服力。

罗瑞是一名优秀的食品销售员，他不但能用出色的口才搞定新客户，还总能把老客户也安置得妥妥当当。一次，他带着公司的一批新产品去见一位老客户，临行前，他深思熟虑了一番：最近出现了很多竞争对手，市场状况也不是很好，如果我还像以前那样，单靠长久以来的交情稳固生意，恐怕就悬了。看来我要想攻破对方，就必须得换一种方法了。

于是，一见到那位老客户，罗瑞就热情地上前握手，开门见山道："嗨，亲爱的老朋友，我又来啦！给你带来一个好消息。现在我手头有一笔大生意，一笔能让你净赚2万英镑的生意！怎么样？感兴趣吗？"

老客户一听到2万英镑，眼睛一下子就亮了，忙说道："2万英镑？这还用问吗？你尽管说！"

罗瑞爽朗地说："哈哈，我做了一番精准的市场调查。年底前，腌肉、罐头的价格最起码会上调20%，这只是一个底线。按照贵公司去年的销量，你知道今年此类商品贵公司能出售多少吗？我来告诉你……"

罗瑞一边说一边利索地把相关数据一一写下来，呈给客户看。每一个数据都非常准确，很有说服力，这完全归功于他平日的好习惯——公司每一位客户

的生意他都了然于胸,甚至可以精确到每一个数字。所以,他可以即兴用那些脑袋里的数字做出精准的计算和预测,由此而得出的结论,自然会让客户非常信服。

就这样,罗瑞得到了老客户的继续支持,拿到了一张新一年的大数额订单。

罗瑞之所以能搞定这位老客户,就是因为他在介绍产品时,结合了大量符合实际利益的数字来加以说明,这让他的话更具有权威性、专业性和强大的说服力。客户信任罗瑞,是因为相信那些数字确实会给自己的生意带来效益,相信罗瑞可以帮他做出正确的选择。他甚至会因此而主动加强与罗瑞的联系。

可见,在销售的过程中,如果销售人员能适时地列举一些详细、精准、恰当的数字,帮助客户做出最有利的选择,那么客户就会看到你的专业性和权威性,从而更加依赖你。那么,数字究竟有什么神奇之处呢?

首先,数字就是独特的卖点。你只有用准确的数字去为自己的产品和服务做"代言"和说明,用其凸显出你的独特性,客户才会心动,才会放弃你的竞争对手而选择你。

其次,数字就是量化优点。如果客户看到你的产品、服务的优点,就自然会愿意和你合作。可是优点是抽象的东西,只有把它量化,呈现在客户面前时,客户才能相信其真实性。试想,你卖手机却不知道像素多少万,卖电脑却说不出硬盘是多大,卖空调却不清楚耗电量有多大,那客户还会购买吗?

最后,数字能够博得信任。数字,往往能让你看起来更专业、更权威,从而更可信。如果你说得很动听,却拿不出事实依据,那客户就会觉得你在忽悠他。这时,就要用一些数字来说明,它能为你树立起可信任的销售形象,从而使你和客户之间的感情更加紧密。

因此,在销售的过程中,销售员要学会养成用数据说服客户的习惯。不过,在运用数字的时候,也要注意以下几个问题:

1. 灵活运用数据

在使用数据时,不要只进行数据的罗列,还要配合逻辑性很强的说辞。因为数据的使用是为产品提供重要的保证,太突兀的话就会让客户摸不着头脑，甚至以为你是在故弄玄虚，反而起不到应有的效果。

2. 要使用最新的数据

在销售中，你所使用的数据都应该是有来源的，也应该是随着市场不断改变的。所以，要想成为一名出色的销售员，就要养成及时掌握产品数据变化的习惯，力求每次为客户介绍时都能提供最新的信息。

销·售·金·言

数字在任何时候都具有神奇的魔力，只要你在销售的过程中使用得当，它就能很好地帮你说服客户。世界著名的销售大师乔·吉拉德曾对销售从业者说："数据统计具有真实性、客观性，是我们评判销售额的重要依据，如市场调查需要我们用数据来显示调查结果，销售员的介绍需要数据统计作为说服客户的证词等，很多方面都需要我们用数据来说明一切。"

3. 运用数据要选择合适的时机

要想让你的数据有更强的说服力，在向客户介绍时就要选择合适的时机。比如当客户就产品质量提出异议时，你可以用准确的数据来向其证明产品质量方面的优势。

4. 数据要真实有效

使用数据的最主要目的是获得客户的尊重和认可，但如果你的数据本身可信度比较低，比如数据不真实、无中生有等，就不会有说服力，反而会削弱客户对产品的信心。因为客户一旦发现你的数据有问题，就会对你销售中的一切，包括产品、公司甚至是你的人品都产生怀疑，这将会给你和你的公司造成不可估量的损失。

5. 不能滥用数据

数据可以作为我们说服客户的有力证据，但是不能不加节制地滥用。如果你在销售的过程中大量使用数据，就会让客户认为你是在冒充"专家"，从而对你的信赖度大打折扣。

把话说到客户心里去

适度说些产品的"小缺点"

很多销售员在介绍产品时,总是赞不绝口,把话说得满满当当。他们以为这是为产品好,为自己的业绩好。殊不知,这样一味地"王婆卖瓜,自卖自夸"未必能让客户信服,而且这样也会给自己"断了活口"。

杜丽经营着一家网络服装店,为了跟上快速变迁的潮流,每隔三四天,她就有新货上架。当然,要想获得顾客的长期青睐,除了衣服时尚外,质量也是一道大关。在这方面,杜丽尽心尽力,店里的每件衣服她都是自己精挑细选的。可是,批发来的衣服不可能每件都非常妥当,总会存在或多或少的瑕疵,比如线头、跳线、抽丝等问题。虽然不严重,也不影响衣服的整体效果,可是为了不让顾客挑出毛病,杜丽仍会经常地仔细检查,然后修补。不过难免会有漏网之鱼。

有一次,一位顾客声称从杜丽那儿买的一件外套做工不好,要求退货。杜丽还是第一次碰到这种事,一下慌了手脚,她立刻问顾客:"您能告诉我哪里有问题吗?能麻烦您拍个照,让我验证一下吗?"

顾客却说:"我没有相机,拍不了照。这样难道就不能退了?你想耍赖吗?"

杜丽无奈地说:"按照网购退货规则,必须以照片为证,您才能退货的,亲。"

"我问你,我买衣服的时候,是不是问过你质量怎么样、做工好不好、会不会褪色等问题?"

杜丽想了想,确实是问过,那时杜丽自信满满地回答:"衣服保证完美无缺,100%让您满意的。"

顾客继续说:"你不是保证完美无缺吗?那么,衣服上那些乱七八糟的线头，你怎么解释？做工那么差，也叫完美吗？"

"可是，这只是小问题，您可以自行修剪的呀。"

"既然你承认是小问题，那为什么当初却说大话，承诺是100%完美？既然有小问题，那就不是100%了。我为什么要花钱买了衣服还自己修剪呢？请你退货！"

杜丽一下就理屈词穷了，只好委屈地对顾客说："实在是很抱歉，当时我不该夸下海口。其实这类商品连100%相同的两件都没有，又怎么会有完美无缺的呢，真的请您多包涵……"

"那你这不是欺骗吗？明明知道不是100%完美，还对顾客这样说。你是什么意思？退货！"

杜丽气得捶胸顿足，自己店铺的高信誉就这样被自己的一句满话给毁了。虽然是这位顾客太"挑剔"，但确实也是自己一时把话说满了，才导致这样的结局。

遭受这次打击后，杜丽立即在自己的店铺说明里加上了这么一句："店中商品偶尔会有小小瑕疵，例如线头、跳线、抽丝等，但不会很严重，不能接受的顾客请自行斟酌。"

其实，最初如果杜丽能承认微小的瑕疵，就会让顾客觉得她是一个真诚而客观的人，顾客自然也就会理解她，从而这场纠纷也就不会发生了。

因此，作为销售人员，要知道任何产品都不可能是完美无缺的。购买，其实是利益最大化、缺憾最小化对比以后的结果。因此，适当地解释一下产品的不足之处，再主动为客户打消顾虑，强调产品的优势，往往会有意想不到的结果，也更能赢得客户的信赖。

当然，要承认产品的不足并非简简单单地把产品的所有问题都罗列在客户面前，这也需要讲究一定的技巧。有时候，尽管销售人员已经把产品的所有真实信息都坦诚地告诉了客户，但客户仍然会有所怀疑；还有一些时候，当销售人员冒冒失失地把产品的某些不足告诉客户，客户会因为接受不了这些不足而放弃购买。所以说，掌握一定的销售技巧，是非常重要的。

我们这里所说的产品的不足，即产品的弱点。产品的弱点，是指没有质量问题，却在竞争中相对于同类产品处于劣势的特点，比如：耗电大、价格贵、包装不美观、样式老等。有的是为了产品的其他优点而产生的，有的是可以改变的，有的是不能马上改变的。在与客户沟通时，一定要加以区分。

常言道"有一利必有一弊"，反之，有一弊也必有一利。

首先，当我们遇到客户询问产品的弱点时，不要回避问题，也不要去和客户发生争执。正面承认产品存在的弱点，你可以说："您说得很对，在长期的销售中，我们也发现了产品的这个弱点，谢谢您为我们指出来，我们会尽力去改进。"

其次，要委婉地把产品产生弱点的原因讲清楚。你可以说："我们的产品之所以耗电量大，是为了保障产品的大功率，保障在紧急情况下一样能正常工作。"或者说："我们的产品在价格上之所以贵过同类产品，是为了保证产品的功效。我们选择了质量最好的原材料，所以它的效果一定要比同类产品好，这一点是得到了市场验证的。"

再次，向客户讲明为了弥补产品的弱点，公司所做的售后增值服务。比如："我们公司虽然比不上做了很长时间的厂家有名气，可我们的电子产品也在极力打造自己的品牌。在售后服务上，我们承诺免费保修五年、终身维修。"

可见，坦然承认产品缺陷并非是对销售员完全不利的。在与客户成交的过程中，适当提及产品的缺点，反而能够使客户因销售员的诚实而下定决心购买。

1. 坦诚更易获得客户信赖

人们都喜欢跟坦诚的人打交道，因为不必担心自己被对方欺骗，可以说坦诚是人类最优秀的品质之一。销售员所面对的客户多种多样，对于那些有独立见解的客户，如果一味强调优点，把产品说得太过完美，反而会令人产生怀疑。很多时候，主动暴露产品的缺点，反而会使客户觉得销售员诚实，是值得相信的。

2. 善于利用缺陷，可以转败为赢

我们知道，任何一件商品都存在或多或少的缺陷。如果故意掩饰缺陷，只

能让沟通的结果越来越糟；如果能够很好地利用这些缺陷，反而可以转败为赢，增加交易的成功率。

产品的缺陷并没有那么可怕。如果利用好了，不但不会影响销售，反而可以成为一个卖点。比如有些产品款式虽老，但不影响正常使用，而且价格很便宜，这对于一些讲究实用的客户来说，倒可以成为一个卖点。

销·售·金·言

"金无足赤，人无完人。"一定的产品，会有一定的功能。尽管客户在购物时，希望产品能带给自己的便利越多越好，但他们知道：任何产品都不可能是完美无缺的。购买，其实是利益最大化、缺憾最小化对比以后的结果。

所以，适当地解释一下产品的不足之处，再主动为客户打消顾虑，强调产品的优势，往往会有意想不到的结果，也更能赢得客户的信赖。

3. 坦诚产品缺陷也有技巧

我们用不同的方式谈产品缺陷，得到的效果会有所不同。这就需要我们在坦陈产品缺陷时，要掌握一定的技巧。

第一种，对于可以告诉客户的事情，要主动告知，不要等着客户去发现、质问。从来就没有完美无缺的产品，客户也知道这一点，销售员可以主动说出一些产品不足的地方。说这些问题的时候，销售员要态度认真，让客户觉得你足够诚恳，但这些问题一定是无碍大局的，对方才可以接受。比如，你在卖汽车时，如果告诉客户"刹车存在故障，可能会出现难以刹车的情况"，相信客户肯定不敢买这辆汽车了，因为对于汽车来说，刹车故障是致命的；而你要是说"这辆车出厂时没有安装导航仪，不过您需要安装的话，咱们店可以帮您安上"，因为客户选择安装导航仪的方式很多，比如手机下载地图、购买一个便携式的导航仪等，这样的问题一般不会影响客户的购买决心。

第二种，对于那些不方便说或者不能说的问题，诚实地告诉客户不方便说，而不要遮遮掩掩。一些诸如商业机密的事情是不能透露给客户的，对于这类问题可以做类似回答："这些产品开发细节问题，只有我们公司研发部门才有权力对外公布。作为销售员，我们对产品开发过程了解不多。不过对于您想

了解的产品性能、质量等，我一定会给您做详细的介绍与演示。"一般来说，销售员说到这里，客户也会表示理解的。

　　总之，在销售中，如果适度说一些"小缺点"，就会让客户觉得你值得信赖，并有利于促成交易。

对比启发，巧说产品的与众不同

在介绍产品时，总有一些客户会认为我们的产品不够好，这也正是让很多销售员头疼的问题。但是，作为销售人员，对客户的任何意见都不能轻视，更不能心存芥蒂。俗话说"嫌货才是买货人"，而对你的销售没有意见或者不嫌货的人往往是走马观花的看客，他们是不会把精力浪费在你身上的。销售人员应明白，客户之所以嫌货，其实是因为他们没有对同类产品或同等价格的产品进行过比较系统、全面的了解。如果我们利用对比，巧妙说出产品的与众不同，自然就会消除客户对产品的疑虑。

客户："听你这么说，我觉得你们的产品挺好的，不过我还是觉得A公司的设备比较符合我们的要求，而且他们的价格也比你们的低很多……"

销售员："确实，他们公司的产品价格比较低，而且他们的设备也不错，但是我们的产品更适合你们。因为贵公司每年的维修费就是一笔巨大的开支，所以产品的使用寿命是贵公司需要考虑的关键问题，再加上贵公司的生产方式需要一种高性能、高效率的设备，且要考虑设备长久的资源利用率，而我们公司的产品刚好可以与贵公司的旧设备共同作业。您觉得呢？"

客户："嗯，你说得也有道理。可是你们公司产品的价格要比他们公司产品的价格高很多，而他们公司的设备质量也不错。"

销售员："他们的质量的确不错。这是一份产品故障调查报告，我们的设备故障率只有1.5%，不知道他们有没有这样一份故障调查报告。据我所知，他们的故障率一直都在4%左右。这样算下来，贵厂将会为此多付出几万元钱。"

上面情境中的销售员就是利用对比的方法,让客户看到了产品的优势,综合考虑后的客户必然会做出正确的选择。

世界上没有两片完全相同的叶子,自然也就没有完全相同的产品,这样就有了优劣之分。而销售员在介绍产品的时候,若是能运用对比的方法,就能更好地突出产品的优势和特点,对于说服客户有着很大的作用。

对比的方法有很多种,一般来讲,有横向对比、纵向对比、同类产品对比、不同类产品对比等几种。而通常情况下,最常见的两种方法是向客户对比不同种类产品的优势,以及把竞争对手的产品和自己的产品进行对比。除了对比产品的价格外,还可以对比产品的性能、服务等,但不管是采用哪种方法对比,也无论是对比产品的哪些方面,都是在传递同一个信息,那就是产品的优势。通过进行对比,让客户找到最满意、最适合的产品,从而激发客户的购买欲。

下面介绍两种主要的对比方法。

1. 价格对比

这是最常见的对比方法,是销售人员把所销售的产品与同类产品进行比较,用较高的同类产品价格与所谈的产品价格进行对比,从而让客户明显感觉出便宜的方法。不过,运用这个策略时,还要注意以下事项。

销·售·金·言

在为客户介绍产品时,不要只是孤立地介绍产品,你可以引用别的参照物来进行对比,让客户形象地感觉到拥有该产品能给自己带来什么好处,从而促进客户的购买欲。

首先,销售员的手里要掌握至少一种价格较高的同类产品,当然,掌握得越多越好,这样才更有可比性。

其次,销售员在客户对自己或者自己的产品提出异议时,要做到耐心倾听,要相信自己的产品,等客户讲完之后再予以解释,巧用价格比较。这也体现了一名销售员的修养。在现实中,有很多销售员在介绍产品时,一听到客户抱怨产品，就控制不住心中的怒火，有的甚至和客户理论起来，这是万万不行的。

最后，在做价格对比时，最重要的还是要把握好客户的心理。"对比出效益"，当我们把产品的价格进行对比之后，并不需要过多地进行进一步的解释，而是要让客户自己在内心做对比，然后再得出结论，这远比我们直接告诉他们要有效得多。

2. 价值对比

对比是体现价值的最直接的方式，把我们的价值与竞争对手产品的价值进行对比，罗列出我们的产品能够带给客户的收益与价值，从而突显出我们产品的价值。

客户："我觉得你们的产品挺符合我们的要求，可是在质量方面我还是有点儿担心，所以，我认为有点儿贵。"

销售员："这个您完全可以放心，国家质检部门已经做过多次检验了，我们所有产品的合格率都在92%以上，而且这个型号的产品质量要比其他的都好，它的合格率达到了97%，而其他公司产品的合格率才90%"。

客户："是吗？"

销售员："是的，您看，这是产品相关的质量合格证和质检部门的检测报告。"

客户："哦，是这样啊。"

销售员："如今这款产品已经在全国20多个城市销售了100多万台，重要的是直到现在我们都没有接到任何关于这款产品的退货要求。所以，您大可放心。"

这个案例中的销售员就是利用了客户关心产品质量的这一心理，把自己的产品和行业内的其他产品进行对比，使客户消除了对产品质量的疑虑。

总之，在介绍产品时，在客户有购买需求的前提下，只要巧用对比，让客户感觉到物有所值，客户一般都会购买的。

为客户编织一个拥有后的梦

客户购买产品,是基于满足某种实用价值,从而使生活更便利,满足现实或未来的需要。任何一个客户,在购买产品前,几乎都憧憬过拥有产品后,生活会变得如何美好。对于销售员来说,客户刚开始并未意识到是否需要你的产品。这时,就需要你主动激发客户的想象力,为客户织造一个拥有产品后的梦。当客户对这个梦产生憧憬时,那就意味着客户对你的产品已经心动,只要你让客户的这种欲望再强烈些,客户就会把心动转化为行动,去购买你的产品。

有些时候,我们发现客户站在产品前没有什么反应,这主要是我们还没有激发出客户潜在的想象力,还没有让客户想象到拥有我们的产品能给他带来什么好处。如果客户想买一件产品,那么他势必想象过这件产品能给自己带来哪些好处,或者是自己为什么需要这件产品。

因此,当我们在向客户销售时,不妨先尝试着激发客户对产品的想象力,介绍产品能给客户带来哪些利益,让客户憧憬拥有这件产品后的美好生活,同时也让客户感觉到如果不能拥有,这个美妙的梦就意味着要破裂。比如,你在销售一份养老保险,你需要让客户感觉到如果有了这份保险,自己的晚年生活可以无忧无虑,可以和伴侣共度夕阳的美好时光;而如果不购买这份保险,就意味着年老时,可能要面临生活缺乏保障的威胁。谁不想给自己的人生画个圆满的句号,谁又希望自己晚年举步维艰?一个是美好的梦想,另一个是噩梦,让客户自己去选择,是提前规划自己的晚年生活,还是被动地接受难测的晚年岁月?相信这个时候,客户对这份保险起码会慎重考虑的。

每种产品的开发,都是耗费了某个人或很多人的大量心血,所以,每一件产品，其实都有丰富的含义。很多时候，客户认识不到产品的价值，是因为我们没有介绍到位。比如，一些买了汽车的客户，开了两年还不知道儿童锁的概念，更不知道儿童锁安装在什么位置。有一天，一位售后服务人员告诉他儿童锁的安装位置及用法，这位客户兴奋地说"我当初如果知道这辆车有儿童锁，一定不用再思考几天了，我会当场就买下这辆车"。

可见，作为销售人员，我们既要摸清客户的需求，还要把产品的优点与客户的需求进行有机对接。客户在购买时可能会想：这件产品能满足我的这个或者那个需求该多好。而我们恰好可以告诉客户：您所期望的这几种需求，我的产品都可以很好地满足，拥有这件产品，您的生活一定会更好，如此还愁客户不来积极购买吗？

我们接下来看一个例子。

一位客户想去买一部手机，本来心中想购买一款价格在3000元左右的手机，甚至给自己定了3500元的上限。他来到手机卖场比较了很多款手机，一个销售员向他介绍一款手机，说："这一款手机不仅待机时间长达50天，而且是双核CPU，数据处理能力超强，上网速度非常快；具备500万像素，像素清晰。总体上说，这款手机的使用功能强大。您一看就是个老板，业务应该很多吧？"

"还行。"

"好，那您是不是要经常使用名片？是不是经常收到别人的名片？是不是要把别人的号码储存进手机，还要一个字一个字地输入？"

"是啊。"

"我们这款手机，能够改变您现有的工作方式。它有一个名片系统，有了它您不用再一盒又一盒地印名片了，只要用手机发送给对方就行了，并且手机名片还有声音和图像，这样的话，电话号码、姓名、工作单位也就不用您一个字一个字地手工输入了。"

"是吗？有这么好？"

"是啊，当您接到别人的名片时，您只需要轻轻扫描一下，就将对方的电

话号码、姓名、单位、职务、邮箱、网址统统储存进手机，多方便快捷呀！"

"那它多少钱呢？"

"4000元，很便宜。"

"这还便宜啊？我只想买3500元的手机。"

"是啊，您看它贵了500元，可是您想过没有，它能为您省下多少盒的名片呀？它能为您节省多少时间呀？而且它的造型也很时尚，更符合您的身份！"

这位客户思考一番后，最后很开心地购买了这款4000元的手机。

可见，当客户遇到更美好的事物时，往往会改变当初的想法。而当销售员能为客户构建一个更好的梦想时，客户也就会改变他当初的想法。那位销售员为客户造了一个梦——不用再费事地印名片、带名片、手工输入字符了。于是，客户感受到了产品的价值，便购买了产品。

销·售·金·言

当向客户销售时，可以先尝试着激发客户对产品的想象力，告诉他这个产品能为其带来哪些好处，让他憧憬拥有这件产品的意境，从而引导其对你的产品心动。只要你让客户的这种欲望再强烈些，客户就会把心动转化为行动，去购买你的产品。

所以，在销售中，我们要善于为客户造梦。即使遇到产品价格高于客户初期预算的情况，也并不意味着不能成交，关键是你要造出更好的梦，让这个差价实现客户的一个梦想：一种便利，一种轻松，一种可靠，一种保障。

总之，从事销售工作，我们要学会激发客户的想象力，为客户造出一个美丽的梦，这样才能圆我们的成交梦。

第四章 问客户感兴趣的问题
投石问路，会问才能打开客户的话匣子

在销售过程中，销售员所掌握的客户信息越多，就越能够在销售中掌握主动权，而提问正是销售员获取客户信息的重要途径。所以，在众多的销售技巧中，能否对客户进行有效提问是决定销售能否成功的关键。

提问有方,在一问一答中控制谈判方向

在一次谈判中,卖方和买方进行了如下的对话:

卖方:"看起来你好像对我们公司的洗衣机不太满意,我可以知道是什么原因吗?"

买方:"我不太喜欢你们洗衣机的外形,它看上去好像不是很结实。"

卖方:"的确如此。如果我们在生产下一批产品时,改变它们的造型,使之能够防腐,你是否会满意呢?"

买方:"这很好。不过,这样一来,交货时间一定会延迟很多了。"

卖方:"那么,如果我们能够尽量缩短交货时间,按照你要求的时间交货,你能够马上签字吗?"

买方:"完全可以。"

我们看到,在这次成功的谈判中,由于卖方恰当地提问,最终谈判双方达成了协议。这说明提问在谈判中的确十分重要。可以说,提问在严肃而紧张的整个谈判过程中,自始至终都发挥着重要作用。正如上面所举的案例中的卖方一样,那些谈判高手对提问这一方式的运用有着十分娴熟的技巧。正是这样的提问,使他们始终有力地控制着谈判的方向,牢牢地掌握着谈判的主导权,从而使谈判达成了对他们有利的协议。

那么,提问在谈判中究竟有什么作用?具体地说,有以下几点。

1. 开场时投石问路

许多谈判高手在已经做了充分的准备、非常了解对方的情况下,为了获取更加具体、可靠的信息，在谈判开始时都会使用提问这一方式。谈判该采取什么样的策略、对方可能会有什么想法，谈判者都能够在开场的提问中获得一定的信息，然后再利用这些信息去制订或改变自己的谈话策略。

2. 获得信息

提问是谈判者获得对方信息的最直接、最有效的手段。对方的真实情况是什么、需求是什么、想法是什么，都可以通过提问来弄清。虽然你也可以通过其他方式去了解这些信息，但是都不如提问这种方式来得直接有效。不过，我们需要注意对方提供的信息是否真实。

3. 提请对方注意

为了吸引对方对我们提供的信息的注意，你也可以使用提问。提问可以建立自己的观点和对方意见之间的联系，从而使对方认真思考你所表达的观点。比如："我认为……你觉得是不是这样？"这种方式很自然地会把对方的注意力吸引过来，使对方不得不给你一个答案。因此，即使你的本意并不是想询问对方的意见，而只是表达你的观点，也可以使用提问。

4. 传情达意

当对方谈了一个看法的时候，提问可以传递你对这个看法表示关注的信息，而对方一定会非常热情地回答你的提问，这样就营造了一种和谐的谈判气氛。比如："我对你所说的很感兴趣，不过我有一个问题……"这表示你对对方所说的东西十分关心，而对方一定也会用同样的关心回报你。

5. 引发对方思考

提问当然能够引起对方的思考。但是你不能直接地对对方说："关于我刚才说的，你好好地想想吧！"因为这样说似乎是一个命令。你可以说："关于我的意见，你有什么看法呢？"这样自然更加容易让对方接受。

6. 谈判结束时作结论

在谈判快要结束的时候，结论可以提问的形式出现。比如，"现在是不是该到下结论的时候了？"这种问话很明显地比说"让我们赶快下结论吧"更加容易让对方接受。对于后者，对方的回答很可能是"不急，还有些问题没有解决"。

上面提到的是谈判中提问的重要作用。所以，如果谈判者想要取得谈判的

成功，就有必要学习恰当地提问的技巧。

总之，提问应该使谈判朝对你有利的方向发展。具体来说，在运用提问这一方法的时候，应该注意以下问题。

1. 把握恰当的提问时机

提问十分重要，这也恰好说明不能滥用提问这一方法。不要认为随时都可以提问。在提问之前，最好能够仔细考虑提问可能会带来的影响，比如，是否会打断对方的思路、影响对方的情绪等。不要在别人谈兴正浓的时候打断别人，这样显得很没有礼貌，也会使谈判受到影响。

2. 提恰当的问题

谈判者提的问题一定要有针对性，也就是要提恰当的问题。提问应该把谈判引到某一个方向上去，而不能随意发问，不要因为那些跟谈判没有关系的疑惑去提问题。在谈判中，如果你了解到对方可能对某个问题产生了怀疑，你可以用提问的方式去引导他把自己的疑惑说出来，然后找到合适的说辞进行有针对性的说服。在提出一个问题之前，你最好能够对自己的问题进行思考。要避免那些可能有歧义、让对方不知道怎么回答的问题。

3. 用恰当的方式提问

我们知道，提问的内容一样，得到的回答却可能不一样。这是提问方式的不同所引起的。提问的方式十分重要，因此，在提问的时候，应该注意用合适的方式提问题，用更加有技巧的方式表达你的问题。一位信徒问牧师："我可以在祈祷的时候吸烟吗？"牧师答道："当然不行！"另一个信徒问同一位牧师："我可以在吸烟的时候祈祷吗？"牧师答道："当然可以！"两个实质相同的问题，却得到了完全不同的回答，这是因为提问的方式发生了变化。

销·售·金·言

一名优秀的销售顾问，首先要做的就是全面了解客户的信息，然后站在客户的角度考虑。对此，可以在和客户谈判的时候采用"一问一答"的方式，从而了解客户的真实需求，打动对方的心，这样签单自然就会水到渠成。

让客户一开始就说"是"

世界著名销售大师托德·邓肯在销售时，总爱向客户问一些主观答"是"的问题。他发现这种方法很管用，当他问过五六个问题，并且客户都答了"是"时，再继续问其他关于购买方面的问题，客户仍然会点头，这个惯性会一直保持到成交。于是，他急忙请了一名心理学专家为自己设计了一连串的问题，而且每一个问题都让自己的准客户答"是"。利用这种方法，托德·邓肯谈成了很多大额保单。

托德·邓肯最初弄不明白其中的原因，后来心理学专家告诉他：人的思维都是有惯性的，当你朝某一个方向思考问题时，你就会倾向于一直考虑下去，这就是有些人一旦沉醉于某些消极的想法之后难以自拔的原因。所以销售人员在说服客户的时候，就可以利用这种惯性，一开始就引导对方说出更多的"是"，尤为关键的是想办法得到对方的第一个"是"，它是整个销售过程的关键。

史密斯是美国一家电器公司的销售主管。有一次，他到一家新发展的客户那里去，想把一批新型电机销售出去。可是，当他刚到这家公司时，总工程师就气势汹汹地说："史密斯，难道你还指望我们再多买几台你的电机吗？"

史密斯被这句话给弄糊涂了，经过一番了解，原来这家公司通过使用，认为从史密斯那里购买的电动机发热超过正常标准。史密斯心里明白，如果与总工程师强行争辩到底，是没有任何好处的，所以，他决定用一种说服方法说服对方，也就是创造说"是"的氛围，不让对方有说"不"的机会。

史密斯把情况彻底了解了一番后，先故意询问总工程师："好吧，尊敬的先生，您的意见我是认同的，假如那些电动机发热过高，别说再买，就算是已

经买了的也要退货,对吗?"

总工程师的反应果然如史密斯所料:"是的!"

"自然,电动机是会发热的,但你就是不希望它的热度超过规定的标准,是不是?"

"是的"。总工程师又一次肯定地回答。

然后,史密斯认为时机已到,就开始对具体的问题进行讨论了。他接着问道:"按标准,电动机的温度可以比室温高72华氏度是吗?"

"是的,"总工程师又说,"可是你们的产品却比这高得很多,那温度高得简直叫人没有办法伸出手去摸,你说,这难道不是事实吗?"

由于他掌握了足够的事实,史密斯并不打算与他争辩,反问道:"你们车间的温度是多少?"

总工程师稍微考虑了一下说:"大约是75华氏度。"

听完总工程师的回答,史密斯兴奋起来,拍拍对方的肩膀说:"好极了!车间温度是75华氏度,再加上应有的72华氏度,一共是147华氏度。如果把你的手放进147华氏度的热水里,手是不是会被烫伤呢?"

总工程师虽然不情愿,可是也不得不点头称是。

史密斯接着说:"那么,以后你就不要用手去摸电动机了,请您放心,这种情况是完全正常的。"

谈判结束了,史密斯顺利地说服了对方,消除了对方对其产品的偏见,并且又谈成了一笔生意。

其实,史密斯最初所问的问题,都是对方所赞同的,他用一系列机智而巧妙的发问,获得对方一系列"是"的回应。在说服对方的过程中,一开始就让对方说"是",使整个谈话过程都趋向于肯定的一面,这是说服双方所必需的心理,并且有助于对方放松情绪,使整个谈判过程保持和谐的气氛。相反,如果说"不",就容易造成双方的情绪对立,致使对方形成一种拒绝的姿态。所以,一开始使人持肯定的态度极为重要。

那么,怎样让客户一开始就认可你,对你说"是"呢?

1. 和客户谈话的语言要同步

中国有句古话叫"话不投机半句多"。如果客户觉得和你谈话有分歧,当然就会说"不"了。那么,怎样做到和客户的语言同步呢?首先,要掌握客户前几句话中经常用到的词语,把握客户的语言特点,然后用相同或相似的语言与之沟通,以产生很好的语言感召力。比如,当客户提到"这件衣服的款式很漂亮",销售员就可以使用"漂亮,新款,不会过时的款式"等共同语言,使谈话能在良好的氛围中继续下去。

销·售·金·言

销售员一开始就使客户持肯定的态度是非常重要的。所以,销售员在刚开始时就一定要对客户强调,并且坚持不断地强调你们具有相同的观念,从而拉近和客户的距离,让客户在心理上产生认同感。

2. 和客户的行为动作要同步

要想找到和客户的共鸣点,销售员就必须学会用客户的表征系统来沟通,然后有力地传达我们的信息,减少对方说"不"的机会。

客户的表征系统主要分为视觉表征、听觉表征、感觉表征等。比如,在和客户交谈的过程中,客户的眼神总是非常自然地扫过或停留在一处事物上,那么我们也要把眼神自然地放到该"事物"上。

3. 多向客户提出一些封闭式的问题

和开放式问题相比,向客户提封闭式问题更能得到肯定的答案。开放式问题是指那些没有明确指向性的问题,比如:"您今天下午有时间吗?"如果我们这样问客户的话,那客户很可能会说"没有"。而若在提问时给客户限定一个范围,比如:"您是下午三点有时间,还是四点有时间?"这就是封闭式问题。当我们这样问时,客户就会被我们的思路所牵引,思考自己是三点还是四点有时间。不过无论客户的回答是几点,都是对我们的肯定回答。

总之,销售员在和客户交谈的过程中,在一开始就让客户说"是",把客户引导到肯定的方向上来,这一点对于最终能够顺利达成交易是非常有利的。

把话说到客户心里去

有的放矢，提问一定要有目的性

需求是客户采购过程中最重要的因素，销售实现的过程就是满足客户需求的过程，如何挖掘客户需求，已成为市场考验销售人员的试金石。然而，客户有什么需求，很多时候是不会直接告诉你的，这时就需要通过提问来获得。有效提问是一门艺术。如果你不能通过有效提问探查出客户的真实需求，就很有可能无法完成交易。

来看看下面这个案例，是一个促销员向顾客销售的过程。

促销员："欢迎光临诺基亚展台，请问有什么可以帮您的吗？"

顾客："我想看看手机。"

促销员："您想看什么样的手机呢？"

顾客："你们诺基亚有没有屏幕比较大的手机啊？"

促销员："屏幕大的？这几款屏幕都比较大。我向您推荐这款3650，不但屏幕大，而且还内置数码相机和摄像机，照相、摄像都可以，随机还附送一张16M的存储卡，照片和图像都可以存在这张卡上。"

顾客（露出犹豫的表情）："照相？我不需要这么复杂的功能，只要能打电话就行了。"

促销员："我们所有的手机都能打电话，只是功能简单一点的手机就没有这么大的屏幕了。我建议您还是买个功能多些的手机，那用起来多方便啊！比如说，3650有照相和摄像功能，您出去旅游时就可以给朋友和家人照相，留下美好纪念了。"

顾客："可是这款手机功能太复杂了，我想要一个屏幕大、按键大、操作简单、价格便宜的。"

促销员："您想找一个屏幕大、按键大、操作简单、价格便宜的手机？"

顾客："我想给我爸爸买款手机，他都60多岁了，不太会用高科技的产品，屏幕大、按键大、操作简单对于他来说更为重要。"

很明显，上例中的销售人员在销售过程中犯了关键错误，即没有了解客户的需求就向客户推荐产品。这个错误好像很幼稚，可是大部分销售人员都没有很好地掌握挖掘客户需求的方法。那这个销售人员到底犯了什么样的错误呢？

首先，销售人员挖掘需求不全面。大屏幕只是客户需求的一方面，还有很多其他的需求，可是销售人员显然没有全部了解清楚就开始介绍产品了。其次，销售人员挖掘需求不深入，她在了解了多个需求后，仍然没有意识到顾客是给他父亲买手机，这是客户需求背后的需求，也是客户购买的关键。

因此，只有懂得巧妙地提问题，才可能把谈话导向自己希望的结果。因为说服的艺术不在于你来我往地抒发己见，而是藏在一问一答的对话之中。向客户抛出问题，可以诱使他们仔细去思考，然后说出自己的意见。销售人员采用提问题的方式，就可以把客户的注意力引到对自己有利的重要事项上来。然而需要注意的是，提问题并不是毫无目的的。

下面让我们来看一下销售员小李是如何通过有目的性的提问一步步引导客户成交的。

小李是一个大型机械设备厂的销售员，他曾经3次打破公司的销售纪录，其中有两次他的个人销售量占全厂销售量的一半。那么他是怎样取得这样好的成绩的呢？他说自己成功销售的秘诀就是经常进行有针对性的提问，然后让客户在回答问题的过程中对产品产生认同。比如，他经常这样问客户：

"您好！听说贵公司准备购进一批机械设备，能否请您说明您心目中理想的产品应该具备哪些特征？"

"我很想知道贵公司在选择合作厂商时主要考虑哪些因素？"

（以上两个问题的目的是弄清客户的需求。）

"我们公司非常希望与您这样的客户保持长期合作,不知道您对我们公司及公司的产品印象如何?"

(这一问题的目的是为自己介绍公司及产品做好铺垫,同时也可以引起客户对本公司的兴趣。)

"您是否可以谈一谈贵公司以前购买的机械设备有哪些不足之处?"

"您认为造成这些问题的原因是什么呢?"

"如果我们的产品能够达到所有标准,并且有助于贵公司大大地提高生产效率,您是否有兴趣了解这些产品的具体情况呢?"

(站在客户需求的立场上提出问题,有助于对整个谈判局面的控制。)

"您可能对产品的运输存有疑虑,这个问题您完全不用担心,只要签好订单,一个星期之内我们一定会送货上门。现在我想知道,您准备什么时候签署订单?"

(有目的地促进交易完成。)

"假如您对这次合作满意的话,一定会在下次有需要时首先考虑我们,对吗?"

(为以后的长期合作奠定基础。)

此外,为了避免提问会引起客户的厌烦与不快,销售人员还要注意以下几点。

第一,初次与客户见面时,最好先从客户感兴趣的话题入手,不要直截了当地询问客户是否愿意购买,一定要注意循序渐进。

第二,要尽可能地站在客户的立场上提问题,不要光围绕着自己的销售目的与客户沟通。

第三,提问时的态度一定要足够礼貌和自信,不要鲁莽,也不要畏首畏尾。

第四,要选择那些能够给客户留下足够的回答空间的问题进行提问,在客户回答问题时要尽量避免中途打断。

第五，在向客户介绍产品的时候千万不要问："您听明白了吗？""您现在知道了吧？"这样问会让客户感觉我们是在蔑视他，我们可以这样问："您看我讲得是否清楚呢？""您看我这样说是否让您明白了呢？"

销·售·金·言

销售员一定要记住：不要为了提问而提问，而是为了获取有用的信息而提问。因此，提问一定要有目的性，而且在提问之后还要仔细倾听客户的回答。

总之，有的时候，有的放矢、切中实质的提问能够达到长篇大论的陈述所达不到的效果。因此，销售人员应当多提问，这样才能事半功倍、提升业绩。

客户并非没有需求,只是缺少引导

作为销售员,一定都碰到过客户以不需要为理由而拒绝的情况。这时,很多销售员都会信以为真,与客户没说上几句话就告辞了。实际上,客户并不是真的没有需求,只是缺少引导。因此,销售员应该学会把客户的需求由无引导为有、由不急引导为急、由浅层次引导为深层次。

那么,客户的需求应该如何引导呢?我们可以通过提问的方法。销售员问得越多,越能够将客户自己没有意识到的需求挖掘出来,这样,销售成功的可能性就越大。让我们看看下面这个案例。

移动公司的销售员小王去拜访客户,试图销售能够编辑和发送短信的产品——企信通。以下是小王与客户之间的对话:

小王:"您好,很快就到中秋节了,我特意给您送月饼来了。"

客户:"谢谢啊,你们的服务真好啊。"

小王:"这是应该的,您是我们的集团客户嘛!另外,我这次来也是特意向您介绍我们现在主推的产品——企信通,它可以帮助您加强内部沟通,促进销售管理。您看可以吗?"

客户:"企信通?"

小王:"是的,企信通具有短信群发功能,可以进行即时或者定时发送。还有邮件提醒、资料管理和费用统计功能。我留下资料给您好吗?"

客户:"好吧,我看看吧。"

小王:"那我就不再多打扰您了,谢谢。"

再来看看下面这段销售对话,看看和上面的有什么不同。

小李:"早上好,郑总。这次拜访的目的主要是希望通过企信通来帮助您加强内部沟通,促进销售管理。您看可以吗?"

客户:"企信通?"

小李:"是的,在向您介绍前,我能了解一下您的企业内部信息沟通的情况吗?"

客户:"好吧。"

小李:"您在全省有五六百个促销员,您现在采用什么方式把内部的信息发送给全省的所有促销员呢?"

客户:"打电话通知。"

小李:"通过电话啊?这么多人,会不会漏掉呢?"

客户:"确实会漏掉,并且占用时间还很长。"

小李:"万一漏掉之后,后果严重吗?"

客户:"当然严重了,要是漏掉促销信息和价格信息,后果可就严重了。"

小李:"既然这么严重,那您打算解决吗?"

客户:"是啊,可我还没想到解决办法,你有什么好的建议吗?"

小李:"其实,我们的企信通就是解决您这个问题的。"

可以看出,第二个案例的销售方式与第一个案例的差别很大。在案例中,客户并没有意识到需求,采取直接提问和介绍产品的方式就不会有明显的效果。所以,此时销售人员应该采用提问的方法,引导客户意识到存在的问题,发现需求,进而下定决心进行采购。

销·售·金·言

学会用提问来引导客户意识到自己的需求,对于任何行业的销售员来说都是非常重要的,只有正确地开发、引导客户的需求,我们的客户才会越来越多,销售业绩才能提升。

通过第二个成功销售的案例,我们总结一下用提问来引导客户需求的步骤:

第一步,通过提问获取客户的基本信息。

第二步,通过纵深提问找出深层次需求和需求背后的原因。

第三步,进一步激发、引导客户的需求。

第四步,引导客户解决问题,提出有针对性的解决方案。

"二选一"法则，把主动权握在自己手中

在市场销售过程中，你肯定希望客户能够跟随着你的心意做出选择。但如果你将自己的意愿直接强加给客户，势必会引起客户的反感，反而让事情朝着你不希望的方向发展。

因此，你不妨采用询问客户意向的形式让客户"二选一"。

在这里还有一个小故事，大意是这样的：

有一位老板在大街的左右两边各开了一家粥店，两家粥店是一模一样的，每天前去用餐的顾客人数也都差不多。可是，到了晚上结算的时候，左边店的收入总是比右边那家多出百十来元，并且几乎天天如此。这个老板感觉很奇怪，就派人前去调查，了解两家店的经营和服务情况有何不同。

被派去的人装扮成普通顾客，他首先走进了右边的粥店，服务小姐微笑着把他迎了进去，给他盛好一碗热气腾腾的粥，接着又热情地问他："先生，加不加鸡蛋？"那个调查者发现，每进来一个顾客，服务员都要问同一句话："加不加鸡蛋？"顾客有说加的也有说不加的，大概各占一半。

之后，调查者又走进了左边那家店，服务小姐同样微笑着把他迎了进去，给他盛好一碗热气腾腾的粥，然后和气地问他："先生，请问您需要加一个鸡蛋还是两个鸡蛋？"进来其他顾客，服务员又问同样的话。通常，爱吃鸡蛋的就要求加两个，不爱吃的就加一个。也有要求不加的，但是这种情况很少。

这样一天下来，左边这家小店就要比右边那家多卖出很多个鸡蛋。很显然，不同的问话，让两家粥店的营业额产生了差异。

上例中，左边店的服务员用的就是"二选一"法则。"加一个鸡蛋还是两个鸡蛋"这样的问话方式，会让顾客陷入提问者既定的前提之中，不由自主地给出选择。相比"加不加鸡蛋"的命题，前者显然更进一层，而店家也因此分出高下。可见，同样的商品、同样的价格，谁先用语言打动顾客，谁就能把商品销售出去。

那些有经验的销售人员非常善于利用这个法则来促使消费者购买自己的产品，并且屡试不爽。他们往往会问顾客："小姐，这两种款式的衣服都是新到的，不知您更喜欢哪一种？""太太，您看什么时候给您送货最合适？是明天，还是后天？"像这样"二选一"的问题技巧，其实就是你帮他拿主意，促使他下决心购买。

很多销售者之所以销售不出去自己的产品，就是因为不会运用"二选一"法则。比如，在销售衣柜的时候，很多销售人员肯定会询问来看衣柜的顾客："你是想买大衣柜吧？"如果客户买衣柜的愿望不是很强烈，他可能就会说"不是"或者"我就随便看看"。这样，这笔生意就会有一半以上做不成的概率。如果你的问题是："您想买现代衣柜呢还是欧式衣柜呢？"你的顾客往往就无法拒绝你这种"二选一"的问话方式。

对于销售者来说，只要能把产品卖出去就是达到目的了，而不用管顾客买的是哪一款，或者哪种颜色。你只要先为顾客假定一个购买的前提，把"买不买"变成"是买A商品还是B商品"，比如，"是要买皮U的还是真皮的""是买高贵的紫色还是清新的绿色""买一个门的还是两个门的"……在这种提问方式中，不管顾客选择哪个答案，你都可以顺利地做成一笔生意。

而作为消费者，面对这种"二选一"的问法，通常会认为是替自己表达了意愿。也许顾客并没有打算买一件外套，可是听你说这件橘色毛呢大衣比那件黑色的更显年轻有活力，于是，就爽快地买了你推荐的那件橘色外套了。

这种"二选一"的提问方式，大多数情况下是不会遭受顾客拒绝的。并且，不管对方回答哪一种答案，都在你的掌控之中，从而使你掌握的主动权更大。

不过，在设置这个"二选一"法则时，还需要注意以下几点：

第一，销售人员一定要注意站在第三者的角度，以询问的形式提出来，而且所提出的商品必须是顾客准备选择的。

> **销·售·金·言**
>
> 你只要先为顾客假定一个购买的前提，把"买不买"变成"是买A商品还是B商品"，比如，"是要买皮U的还是真皮的""是买高贵的紫色还是清新的绿色""买一个门的还是两个门的"……在这种提问方式中，不管顾客选择哪个答案，你都可以顺利地做成一笔生意。

第二，人类具有一种跟随最后选择的习性，所以当你想让他人跟随你的意愿进行选择的时候，最好在选择项目的顺序上花些心思，把希望对方选择的那项放在后面说，这样顾客往往会自主地选择合你心意的那一项。比如，"是给您包一件还是包两件呢？两件刚好是一个月的用量。"当顾客被这样询问的时候，绝大多数都会脱口而出："那就两件吧。"

第三，所提的问题中最好不要用"买"字，这样顾客就会觉得这是自己的选择，便会有主动感或参与感。

第四，提出的选择不要太多，两个是最合适的。如提供的选择太多，会使顾客陷入难以抉择的地步，虽然可能不至于完全丢了生意，也会在相当大的程度上影响成交。

把问题丢给客户，掌握成交主动权

关于对话，有位哲人曾经这样说过："只有在提问的那一刻，你才掌握着谈话的主动权。"这位哲人的话说得一点儿也没错。提问太重要了，尤其是在掌握谈话的主动权方面，提问具有无可替代的作用。如果你在谈话中失去主动权，那么你的信息就会大量流失，从而得不到所期待的效益。

作为销售人员都知道，在介绍产品时，客户会提出一些问题。遇到这种情况时，应该怎么办呢？对此，如果你并没有完全明白客户发问的动机，就一定不要直接回答，否则很有可能会失掉订单。这时，你可以采用反问的方法，把问题再丢给客户。比如：

客户："你们这个牌子的口红还有其他颜色吗，还是只有你带来的草莓红和玫瑰红？"
销售员："您最喜欢什么样的颜色呢？"

客户："你们卖的手机都是带有彩屏的吗？"
销售员："您希望拥有带彩屏的手机吗？"

那么，为什么要把问题再丢回给客户呢？因为我们知道自己发问是出于什么目的，可是并不是很清楚对方的目的是什么。如果我们大费口舌，向对方介绍口红有多少种颜色，或者大谈手机彩屏是多么的时尚，就很难搞明白客户的真正需求是什么。如果不知道客户的真正需求，就喋喋不休地向客户解释，那也只能是白白地浪费时间和精力。相反，如果我们反问客户，客户可能就会说:"我不喜欢草莓红,更不喜欢玫瑰红,还是觉得粉红色更适合我。"这样问题自然就解决了。

再比如,当客户问道:"你们的座机有来电显示吗?"这时,销售员可能会在心里暗暗地想:"现在恰恰还没有呢!客户之所以会这样问,说明他肯定有这种需求,可是我们这要等上半年才能有这种产品上市呀。我要不要建议他再等上一段时间呢?"其实,作为销售人员,面对这种问题没必要这么烦恼,你可以直接反问客户:"来电显示对您来说重要吗?"或许客户会这样回答:"不重要,我只是随口问问,因为我听说有这种功能。"也或许他会这样回答:"我听说这个功能挺好的,当然,价钱也很重要。如果光有来电显示,但其他功能和没有来电显示的差不多,价格却增加不少,那我也是不会买的。"

客户有问题,这是很正常的事情。上面客户问的问题都属于比较温和的情况。大多数情况下,客户会提出一些另类的问题。这种问题比起普通问题不好解决。这种情况下,反问仍然是一种比较有效的化解方法。当然,也一定要明白,我们反问的目的并不是要逃避问题,而是为了获得客户的真实想法。以下面几段对话为例。

客户:"这衣服我不太满意。"

销售员:"那您觉得哪一方面您不太满意呢?是样式,还是颜色呢?"

客户:"你们这鞋怎么不像正品,像假货呀?"

销售员:"那您能告诉我,这个鞋哪一点儿像假的吗?"

销·售·金·言

当客户问你一个问题时,你如果觉得很难回答就不去回答,正说明你不能掌握好谈话的主动权。拒绝不是好办法。要想掌握谈话的主动权就要换一种思维,不是不去回答,也不是拒绝回答,而是主动反问对方。具体该怎么做呢?

其实很简单,学会回答对方的问题。当然,不是让你直接回答对方的问题,而是用问题来回答对方。通过这样的方式,引导问你的人朝你希望的答案靠拢,从而获取谈话的主动权。

客户:"这太贵了!"

销售员:"那您认为最合理的定价应该是多少呢?"

客户:"这产品是挺好的,我改天再来买。"

销售员:"既然您承认这产品很好,为什么不想现在就买走呢?"

以上这些问题是销售员经常会遇到的。通过有效的反问,我们可以很容易找到客户问题背后真正隐藏的原因,从而掌握成交的主动权。

不过,需要注意的是,反问不是质问,所以销售员在反问时要注意语气平和、态度诚恳,如果客户不愿意回答也不要强求。

学会运用开放式提问法

这里所说的开放式提问是与封闭式提问相对而言的。开放式提问与封闭式提问的区别在于客户回答的范畴大小。

顾名思义,封闭式提问限定了客户的答案,答案比较明确、简单,常用的词有"能不能""对吗""是不是""会不会"等。比如:"我相信您作为公司的老总,一定非常关注公司的业绩,对吗?""您今天有时间吗?""您是不是觉得和大公司合作比较可靠?""我能否留下产品的相关资料?"等。对于这些问题,客户通常只能回答是或不是、有或没有等简短的内容。运用这种提问方式时,客户不但会感到很被动,甚至还会产生被审问的感觉,而销售人员也只能从客户的答案中得到非常有限的信息。

而开放式提问则不限制客户的答案,客户回答的范围较宽,一般是请客户根据自己的喜好,围绕谈话主题自由发挥。进行开放式提问可以让客户畅所欲言,有助于销售员从客户的谈话中挖掘更多更有效的客户信息。并且,开放式提问也不会让客户感到约束,他们通常会感到轻松和愉快,这显然有助于我们与客户进一步沟通。

一般来说,开放式提问主要包括以下几种典型问法:

1."……怎(么)样"或者"如何……"

比如:"您通常都是怎样(如何)应付这些问题的?""我们怎么做,才能满足您的要求呢?""你觉得怎样做才是最好的?""您希望这件事最终怎样解决才算合理?"

2."为什么……"

比如:"您为什么会有这种想法呢?""您今天为什么如此神采奕奕?""为

什么您会对这种产品情有独钟呢？"

3."什么……"

比如："您对我们有什么建议？""您遇上了什么麻烦？""您的合伙人还有什么不同的想法？"

4."哪些……"

比如："您采取哪些计划来改进现有技

销·售·金·言

在销售的过程中，可以采取开放式提问和封闭式提问相互交叉的方式，不过这也需要一定的技巧。开放式问题问得太多的话，顾客的回答没有目的性，销售人员很难收集到有用的信息；如果封闭性问题问得太多的话，顾客则很有压力，沟通气氛会过于紧张。

术？""对于公司的现状您觉得哪些方面需要改进呢？""您对这种产品有哪些看法？""哪些问题令您经常感到头疼？""您觉得这种产品的哪些优势吸引您？"

开放式提问可以使客户打开自己的心扉，说出自己的想法、感受和顾虑，所以销售员也因此有机会深入到客户的内心世界，获得一些深层次的需求信息。但是，没有一个人愿意在自己不熟悉及不信任的人面前谈自己真实的感觉，所以，在我们同客户接触的时候，一定要在与其建立了良好的关系之后，再运用这种开放式提问。

不过，在运用开放式提问法时也要注意，不要天马行空、无所顾忌地乱提，要结合销售的主题有的放矢地进行提问。

第五章 说客户爱听的话
赞美话说得好，生意肯定跑不了

赞美是人与人之间沟通的润滑剂。每个人，包括我们的客户，甚至是我们自己，没有人不渴望被别人赞美。赞美是对人的一种肯定，这样的肯定，会让对方放松对你的心里戒备，从而使对方对你产生好感。因此，销售人员可以利用这种心理，给予客户充分的肯定与赞美，促使销售成功。

嘴上带蜜，更容易把话说到客户的心里去

赞美的话是世界上最动听的语言。记得有位名人曾说："赞美，是畅销全球的通行证。"美国著名心理学家威廉·詹姆斯也曾说："人性最深刻的原则就是希望别人对自己加以赏识。"因此，谈判的客户也不会例外。

如果你细心观察客户，看到别人未留意的东西并加以赞美，以此引起他们的自豪感，他们就会觉得你为人细心而又有礼貌。所以那些嘴上抹了蜜的、把"赞美"用得得心应手的销售员，更容易赢得客户的信任，从而销售成功。

美国著名的柯达公司创始人乔治·伊斯曼，因发明感光胶卷而使电影得以产生，并积累了一笔高达1亿美元的财产，从而成为世界上最有名望的商人之一。

伊斯曼曾经在曼彻斯特建立过一座伊斯曼音乐厅、一座纪念馆。同时为了纪念他的母亲，还盖过一家著名戏院。这三大建筑都需要室内座椅，于是制造商之间展开了一场激烈的竞争。可是，当这些人去找伊斯曼洽谈这笔生意时，没有一个不是高兴而去，失望而回的。

就是在这种情况下，美国"优美座位公司"的经理鲁姆斯·亚当森希望能够得到这笔价值9万美元的生意。于是，他同伊斯曼的秘书通了电话，约定在曼彻斯特拜见伊斯曼先生。在亚当森见伊斯曼之前，那位好心的秘书向他提出忠告："我知道你想争取到这笔生意，但我不妨先告诉你，如果你占用的时间超过了5分钟，那你就一点儿希望也没有了。他是一个大忙人，说到做到的，你得抓紧时间把事情讲完就走。"亚当森微笑着点头称是。

亚当森被领进伊斯曼的办公室，伊斯曼正伏案处理一堆文件。

过了一会儿，伊斯曼抬起头来，说道："早上好！先生，有事吗？"秘书为亚当森做了简单的介绍后,便退出去了。这时,亚当森没有开口谈生意,而是满脸诚意地说:"伊斯曼先生,在恭候您的时候,我一直在欣赏您的办公室,我很羡慕您的办公室。如果我自己能有这样的一间办公室,即使工作辛劳一点我也不会在乎的。我本人长期从事室内木工装潢工作,但从来没见过装修得这么精致的办公室。"

听他这样一说,伊斯曼赶紧回答说:"哎呀!您提醒了我差点就忘记的事情。这间办公室很漂亮,是吗?是我亲自设计的。当初刚装饰好的时候,我喜欢极了。可是后来一忙,有时甚至一连几个星期都顾不上好好看看这房间一眼。"

亚当森走过去,用手来回抚摸着一块镶板,那神情就如同抚摸一件心爱之物:"这是用英国的橡木做的,对吗?意大利橡木的质地不是这样的。"

伊斯曼高兴地站起身来答道:"不错,这是从英国进口的橡木,是一位专门研究室内细木的朋友为我挑选的。"

此时,伊斯曼的心情好极了,他带着亚当森参观了办公室的每一个角落,并把自己参与审计与监制的部分一一指给亚当森看。他还打开一个带锁的箱子,从里面拿出他的第一卷胶片,向亚当森讲述自己早年创业时的奋斗历程。

伊斯曼情真意切地说到了孩提时家里一贫如洗的惨状,说到了母亲的辛劳,说到了那时想挣大钱的愿望,并讲了怎样没日没夜地在办公室搞实验,等等。

那天他们谈了两个多小时,直到亚当森告别之际,两人都没谈到那笔生意。

最后,亚当森不但得到了大批的订单,而且和伊斯曼结下了终生的友谊。

看到这里,你肯定也明白了其中的奥妙。正是因为亚当森别出心裁的从伊斯曼的经历入手,恰到好处地赞扬他所取得的成就,使伊斯曼的自尊心得到最大限度上的满足,把亚当森视为知己,从而才把这笔生意交给他做。

无论是谁,对待赞美之词都会开心。所以,在营销对话中,你也应该学习亚当森的语言艺术,不失时机地赞美对方,说不定会给你的事业带来意想不到的效果。

不过,需要注意的是,赞美是件好事情,但并不是一件简单的事。赞美和拍马屁并不是一回事,在赞美的时候必须要恰当,注意分寸。那么,作为销售

员应该如何赞美客户呢？

首先，赞美必须是真诚的，不是矫揉造作的。我们所赞美的必须是有事实根据的，阿谀奉承并不能取得对方的真诚对待。这里的"根据"，指的是赞美要实事求是、要具体，这样才显得真实，容易让人接受。那么，哪些是赞美中的"根"和"据"呢？这其实很

销·售·金·言

俗话说："喜欢别人的赞美，是人性最大的弱点。"一位百万富翁说："我就喜欢听奉承的话，自己喜欢听，别人也喜欢听。"事实上，每个人都希望自己被尊重、被认同、被肯定，与此同时，每个人都觉得自己有可夸耀的地方。因此，销售员如果能很好地利用客户这一爱听赞美话的心理，给予客户充分的肯定与赞美，就能成功地接近客户，获得客户的好感，进而为自己的成功销售做好铺垫。

简单，我们可以尽量让赞美细节化，避免泛泛而谈。比如，在与客户交谈的时候，可以赞美客户的经历、办公室的布置等。

其次，要赞美客户的具体行为，而并非客户本人；并且赞美所用的语言含蓄些效果会更好。就以案例里的人物来说，如果当时亚当森进办公室之后直接夸奖的是伊斯曼本人的相貌或者直接说"伊斯曼先生，您的实力真强啊！"就会给人很突兀的感觉；相反，就像案例中亚当森没有开口谈生意，而是满脸诚意地夸奖他的办公室装修之精致，这样赞美对方的所作所为时，听起来显得真诚、友好，而且伊斯曼也能确切地知道他自己为什么收到了赞美，这样的方式会使我们的谈判对手觉得更加舒服。

最后，可以巧妙地运用聊天的方式来赞美对方。聊天是相识的人之间沟通思想的手段，通过这一手段，可以达到深入了解的目的。聊天更是不相识的人之间建立友谊、密切交往的桥梁。通过聊天，可以调节心情，拉近双方的情感，增强彼此的信任度。这样，才能达到进一步交易的关键点。案例中谈判双方在进入正式谈判前花大半天的工夫聊天，在此过程中，伊斯曼卸下了心里防备，花几十倍的"5分钟"来和对手交流。这正是他们建立合作的前提。

随声附和也是一种赞美

威廉·詹姆士曾经明确地指出:"人性中最殷切的需求,就是渴望得到别人的肯定与赞扬。"大作家马克·吐温也曾幽默地感慨:"一句美好的赞扬,能使我快活上两个月。"

在现实生活中,大多数人都喜欢听附和的话。你附和别人的观点,如果恰到好处,那对方肯定会很高兴,并对你有好感。所以说随声附和也是一种赞美的方法。

韦森是一家服装图样设计公司的销售员,在没有研究人类关系学之前,他损失了无数应该获得的佣金。开始做销售员的三年时间,他几乎每星期都去找纽约某位著名的设计家。这位设计家每次都不拒绝见韦森,而且还总是把韦森带去的图案仔细看一遍,但就是不买。

经过150次的失败,韦森体会到自己一定过于墨守成规,所以决心研究一下人际关系的有关法则,以帮助自己获得一些新的观念,找到新的力量。

后来,他采用一种新的处理方式。他拿了几张没完成的草图,走进那位设计师的办公室。"我想请您帮点小忙。"韦森说道,"这里有几张尚未完成的草图,可否请您帮忙完成,以更加符合你们的需要?"

设计师一言不发地看了一下草图,然后说:"把这些草图留在这里吧,过几天再来找我。"三天后,韦森又去他那里,听了建议后,把图样拿回去,按照那位设计师的意思画完。这笔交易结果如何?不用说,这位买主完全接受了。

自从这笔生意完成后,这位设计师又订了十张图样,都完全是按照他的意

思画的,韦森就这样赚了1600多美元的佣金。韦森说道:"我一直希望他买我提供的东西,这是不对的。后来正是因为我要他向我提供意见,他就成了设计人。我并没有把东西卖给他,他自己买下了。"这就是那位设计师买图样的原因吧。

韦森过去之所以总是失败,就是因为总是强迫设计师买他认为对方需要的图样。可是现在韦森所做的,跟过去完全不一样了。韦森请设计师提出他自己的意见,使设计师觉得那些图样是自己设计的。现在韦森不用去求他买,他自己也会来向韦森买。

销 · 售 · 金 · 言

很多人说自己很反感人云亦云,更愿意接受批评。如果你对此信以为真了,毫不客气地批评他,他表面上不一定表现出来,可内心里多半是不高兴的。实际上,真正能做到"人告之以有过则喜"的人,是很少的。所以说,应当学会运用附和的方法,附和对方的观点,那样会收到意想不到的效果。

遵照设计师的意见办事,他怎么说就怎么做,这其实也是一种赞美方式。听从他人的意见,无形当中就制造了"你很棒,你的意见都是对的,你说什么我都会随声附和"的效果。仔细领会一下,你就会发现,在使用这种方法时,被附和的一方总会产生被尊重、被崇拜的感觉。从效果上来看,这和直接赞美是一样的。

在饭店里,我们常常会听到服务生这样说:"先生,您真会选,这可是我们店里最好的葡萄酒,对于那些精于品评美酒的人来说是再合适不过了。虽然有一点儿贵,不过我想您会喜欢的。您愿意再来一瓶吗?"

这样赞美顾客的成熟品味和鉴赏力,他又怎么会拒绝呢?而且价格因素增加了葡萄酒的诱惑力,通过向周围人显示有能力消费生活中的奢侈品而使自己的"能力表现需求"得到了满足。

可以说,在销售人员与顾客交流的过程中,附和对方起着非常重要的作用。因为附和就意味着赞同对方的观点,这在心理学上称为"承认"。当你承认对方的观点是正确的时候,那么在对方的心里就会对你产生一种认同感,从而拉近双方的距离。

因此,作为销售人员,如果把这个道理应用到工作当中,同样能够收到良好的效果。比如,如果顾客说:"这件衣服的款式很特别。"聪明的销售人员应该这样说:"对,您的眼光真不错,今年就流行这种款式。"听完这句话,顾客的心里就会美滋滋的,因为自己的观点得到了认同,同时自己又被认为是"比较有眼光的人",也就不太可能放下一件"有眼光的人"认为的"比较好"的衣服了。

总之,在销售中,如果你能对客户随声附和,用诚挚的敬意和真心实意的赞扬满足对方的自尊,那么任何一个人都可能会变得更愉快、更通情达理、更乐于通力合作,从而让你的销售工作也会变得更加顺利。

请教的赞美方式，效果也会非常好

一般来说，人们都喜欢向比自己高明的人请教。换句话说，当你向别人请教问题的时候，就相当于在心理上认同对方是一位比较高明的人物，或者是一位专业人士。这样能满足对方某种程度的虚荣心和好为人师的心理。

真诚地请教对方光辉的业绩、优秀的才能或独有的专长，往往是一把成功打开交际大门的钥匙。因为在某种程度上，请教就意味着赞美和承认。这种赞美方法运用起来很简单，效果也是非常好的。

一位X光机器制造商就很好地利用了"请教也是一种赞美"这种心理战术，把他的设备卖给了布鲁克林最大的一家医院。

那家医院正在扩建，准备成立全美国最好的X光科。一位大夫负责X光科，很多销售员们整天包围着他，他们一味地歌颂、赞美他们自己的机器设备。

不过，这一位制造商却更具技巧。他见到大夫后是这样说的：

"我们的工厂最近完成了一套新的X光设备。这批机器的第一部分刚刚运到我们的办公室。它们并不是很完美，我们想改进它们。所以，如果您能抽空来看看它们并提出您的宝贵意见，使它们能够改进得对你们这一行业有更多的帮助，那我们将深为感激。我知道您平时工作非常忙，我会在您指定的任何时间，派我的车子去接您。"

"听你这么说，我既惊讶又觉得受到很大的恭维。以前从来没有任何一位X光机器制造商向我请教。这让我感觉自己很重要。这个星期，我每天晚上都很忙，但我还是决定推掉今天的晚餐约会，去看看那套设备。"大夫说完便随这位制造商去看设备。大夫看得越仔细，越觉得非常喜欢它，最后大夫为医院买下了那套设备。

在人际交往的过程中，请教也能起到拉近人与人之间距离的作用。试想一下请教问题时的姿势：微微低着头，双手恭敬地把自己想知道答案的问题呈给对方。这是怎样的一种表达尊敬的姿势，又有谁会不愿意接受这样恭敬的赞扬呢？

销·售·金·言

请教的主要表现形式就是向对方求助或征求意见。比如，你可以问对方："您觉得如何？""我该怎么办？"这属于一种间接的赞扬。也许你认为这样不能达到与直接称赞相同的效果，但是，如果你能运用得当，它绝对能够产生比直接称赞更好的效果。

销售员的工作大多是面对陌生人的商业活动，同样，对于客户来说，销售员也是陌生人。对陌生人心存恐惧、怀疑和防御是人的本能，所以当销售员敲开客户的家门时，客户就会对销售员这样一个陌生的不速之客的来意产生警戒，从而会对销售员摆出排斥的态度。

日本的一位专家曾经做过一次调查，结果表明70%的客户都没有什么真正明确的拒绝理由，只是泛泛地反感销售员的打扰，对销售员本人有怀疑、恐惧的心理，同时对销售员带来的商品也必然持怀疑态度。所以从根本上讲，客户对销售员的拒绝并不是拒绝商品，而是拒绝销售员，拒绝销售员的言行和神态。

有经验的销售员对打消客户的疑虑，取得客户对自己的信任有一套独特的方法，他们会巧妙地利用请教式赞美来消除客户的心理防备。下面看看"销售之神"原一平是怎么说的吧。

有一次原一平去拜访一家商店的老板。

"先生，您好！"

"你是谁啊？"

"我是××公司的,今天我到贵地,有两件事情专程来请教您这位附近最有名的老板。"

"附近最有名的老板?"

"是啊!根据我打听的结果,大伙儿都说这个问题最好请教您。"

"哦!大伙儿都这样说啊!真是不敢当。你说吧,到底是什么问题呢?"

"实不相瞒,是这样的……"

"站着不方便,请进来说话吧!"

就这样,原一平轻松地过了第一关,达到了接近客户的目的。

每个人都渴望别人的认同与赞美,客户也一样。案例中的销售大师原一平之所以能成功销售,就在于他应用了请教式赞美,给老板以肯定,赢得了对方的好感和认同,接下来的沟通就容易得多了。

把这种请教式的赞美话术运用到销售业中的上门销售上是最为有效的。比如:"张总,我早听说过您白手起家的故事,我真很想请教一下您,当时您是怎么做出创业的决定的呢?""听说您是通信方面的专家,想请教一下您……""李先生,您在营销方面这么有研究,有机会一定当面向您请教……""专家就是专家啊,您提的问题都与一般人不一样,都提到点子上了……"等。只要你学会应用这种请教式的赞美方式,相信没有人会拒绝你的。

赞美客户时，捧出新鲜的内容才有效

我们知道，每个人都希望别人对自己有一个肯定的评价。据专家研究，一个人如果长时间被他人赞美，其心情会变得愉悦，智商会有所下降。作为销售人员，如果能够真诚地而不是敷衍地对客户表示赞美，他们就会认为你很体谅别人，就会对你表示友好，从而愿意与你做进一步的交流。虽然说赞美是人际交往的润滑剂，是件好事，但也是件难事。毫无技巧与新意的赞美，不但不能打动客户，还会有奉承之嫌，甚至招致客户的反感。

某高档西装的广告部负责人罗丽曾经历过这样的事情：

经过几次的电话预约，一位商界奇才终于答应同罗丽见面。罗丽很珍惜这次机会，因为她的目的是让此人成为她们服装品牌的代言人。一般情况下，商界人士是不屑于为其他人做广告的，他们通常会这么说："我又不是明星，那些出风头的事找别人去做吧！"为了在有限的时间内能够说服这位商界奇才，罗丽制订了详细的计划。她的计划是：想办法先赢得他的好感，然后努力延长对话的时间，这样才有可能成功。

见到了久负盛名的马先生后，罗丽打过招呼，然后微笑着说："您好，我仔细阅读了您的成功经历，您真是一位商界奇才啊！"

马先生显得波澜不惊，说："啊，真是奇怪，现在每一个人见到我都这样说。其实，我并不那样认为，这也是我给每一个人的回答。"

罗丽唯恐张先生不高兴，赶紧又说道："不，不。您太谦虚了，中国像您这样的人物真的太少了。"

"罗丽小姐，如果你是来跟我说这些话的，那么你可以走了。因为这些话

对我没有任何意义。如果我想听这样的话，随便拉一个人进来可能都比你说得好。如果你没有其他的事情了，请不要浪费大家的时间。请原谅我的直白，因为时间对我来说实在是太宝贵了。很抱歉。"

罗丽动了动嘴唇，什么话都没有说出来。

遇到这样的情况，是罗丽始料不及的。她没有想到自己的好心赞美却得到了这样的结果，真正的来意还没有说出来，就被下了逐客令。问题出在哪里了呢？问题就在于罗丽的赞美太过于普通，甚至让人觉得听这样的赞美就等于在浪费时间。

有位成功的销售员曾说过，在他的销售生涯中，遇到过这样一位客户：他听到别人称赞他特别的胡须时便特别高兴，但对于那些他对社会所做出的巨大贡献和有关他成就的赞誉，他却不放在心上，让人颇觉怪异。这样的顾客，仿佛很难把握他们的心理。

事实上，这种心理是每个人都有的。大概已经有无数的人在他面前称赞了这位成功人士在商场上的英勇善战以及富于谋略的经商才干。但是，他作为一个商人，无论在这方面怎样赞美他，也只是赞歌中的同一支曲子，不会使他产生自豪感。

然而，如果你对他经商才能之外的方面加以赞赏，就等于在赞词中增加了新的条目，他便会感到无比的快乐和满足，认为自己除了那些之外，还有更加令人着迷的东西。可见，在恭维他人时，捧出新鲜的内容是多么的重要。那些平常的人人都会的赞美已不能达到预期的效果，而有创意的不同于众人的赞美方式才更容易为人所接受。

那么，作为销售人员，该如何让赞美显得更有新意呢？

1. 从细节处赞美

比如，如果客户是一位女性，一开始就夸对方"你很漂亮"，客户一方面会感到高兴，另一方面则会有些不知所措。因此，单刀直入的夸奖之前一定要事先扎根，否则的话只会成为令人难以接受的奉承。对此，我们不妨一反常态，从一些细节处赞美。比如，夸赞对方所带的东西或饰品等，例如"您的发型很有特色""您的衣服很合身""饰品很可爱"……

这些夸奖的话,从表面上看是在夸奖东西,事实上是在夸对方有眼光,而被夸的一方不但不会不知所措,反而因为自己以外的东西受到高估而感到高兴,他们会认为你们在

销·售·金·言

赞美的力量是巨大的,人们也越来越认识到赞美所能带来的种种好处。可是,那些人人都会的赞美已经不能达到预期的效果。因此,赞美还应当注意讲究适当的方式,只有有创意的不同于众人的赞美方式才更容易被人所接受。

价值观上存在着很大的共同之处,这样,一下子就缩短了双方的距离。

2. 赞美对方的精神层面

赞美精神层面,具体包括以下几点:

(1)赞美对方的态度和行为,像"活泼大方""言行得体""容易亲近"等夸奖。为了在不同程度和不同模式上夸奖对方,你必须准备一些话语,仔细观察对方,然后在适当的时机套入这些话语。

(2)赞美对方的品位。比如,你可以赞美客户的穿着:"听说您退休前是一名服装设计师,是吗?怪不得您今天这样搭配,让人有耳目一新的感觉呢!您肯定有一套自己的搭配秘诀。"这样赞美,大多数情况下,客户都会高兴得心花怒放的。

(3)赞美对方的品质。比如,当你面对的是一位男士的时候,在销售的最后,不妨说出这样的话:"您真是一位好先生。""我觉得您是位值得尊敬的人。""我觉得您真是位体贴的男士。"……这样不加修饰脱口而出,一定会给对方留下好印象。

总之,只有充满新意的赞美,才能把赞美说到客户的心里去,进而加倍提升他自信的感觉,从而有助于我们的销售工作!

把话说到客户心里去

赞美之前,仔细研究赞美对象很重要

美国一位著名的企业家曾经讲过这样一件事:

20世纪60年代,我决定兴建一座办公大楼作为我的公司总部。我花了将近10年的时间,走了无数家银行,始终得不到贷款。于是,我决定来它个既成事实。我设法将我自己的200万美元款项集中起来,聘请一位承建商,要他进行建造,我则设法去筹集另外所需的500万美元。如果钱用完了但我仍然拿不到抵押贷款的话,那他就得要停工。

建造开始,后来所剩的钱只够再维持一个星期了。就在那时,我正巧和人寿保险公司的一位主管在纽约市一起吃晚饭。我把经常随身携带的一份蓝图拿出来,想引起他资助我兴建大楼的兴趣。当他看出我准备在餐桌上将蓝图摊开时,便对我说:"这里不好谈,明天到我办公室来。"

回到家之后,我仔细研究了这位主管的资料。我发现他当上主管也才半个月的时间。得到了这一讯息,我就对明天的谈话胸有成竹了。

第二天,他说都城公司多半可以给我所需的抵押贷款。

"太好了,"我说,"唯一的问题是我今天就需要获得贷款承诺。"

"你一定是在开玩笑吧,"他答道,"我们从来就无法在一天之内给予抵押贷款承诺的。"

我把椅子向他那边拉近,说道:"您是这一部门的主管。或许,您应该试试看您有没有足够的权力,可以使这件事在一天之内办好。而且我现在真的非常需要帮助。"

他微笑着说道:"你这是要让我为难了,不过,我试试看吧。"

他试了之后，原来说办不到的事情终于办到了，而我也在我的钱用完之前几小时回到了芝加哥。

销·售·金·言

赞美客户是需要理由的，我们不可能凭空制造一个点来赞美客户。这个点一定是我们能够赞美的点，要有一个充分的理由来赞美你的顾客，这样的赞美顾客才更加容易接受。因此我们要在赞美之前仔细研究其特点，将其确有的可以称赞的地方找出来进行赞美，这一点在交谈中尤为重要。

如果想要说服他人，就必须找到并击中对方的"要害"，从而促使他答应下来。以案例中的事情来说，要害就是那位主管对他本身权力的意识。刚刚上任的主管肯定想对自己手中的权力产生一些具体的认识，他需要在某件事上来证明自己的权力到底有多大。那位企业家正是抓住了这一个契机，最终成功获得了贷款批准。

一个花匠去一位著名的法官家为他美化庄园。当他在干活的时候，那位法官给他提出了不少好的建议，比如，希望在哪儿种上一丛郁金香，又希望在哪种上一丛玫瑰花，等等。于是花匠说："法官先生，您的业余爱好真是不错啊！我一直很羡慕您那条漂亮的狗，我知道您在麦迪逊广场花园举行的家犬大奖赛中赢得了不少蓝彩带。"这小小的赞美之辞带来了惊人的效果，因为狗是法官的心爱之物。法官连忙说道："是啊，养狗的乐趣的确无穷啊！你是否愿意看一看我家的狗窝？"

法官花了大约一个小时的时间领花匠看了他养的狗，并把那些狗赢得的各种奖品都拿给花匠看。他甚至还拿出狗的谱系材料，告诉花匠这些狗之所以这么漂亮是因为血缘的关系。

然后，法官问花匠："你有孩子吗？"花匠回答："有。"法官又问："他想要小狗吗？"花匠急切地答道："怎么不想？如果有了，他肯定会非常非常开心的。""好吧，那我送他一只。"法官说道。

接着，法官又给花匠讲了怎样给小狗喂食的问题，讲完后又热切地说：

"估计光给你讲你会忘了,我还是把它写出来吧。"于是,法官把小狗的谱系和喂狗的方法都写了下来。

最后,法官送给了花匠一条价值100美元的小狗,在花匠身上花去了1小时15分钟的时间,这一切就是因为花匠真诚地赞美了他的爱好以及他所取得的成就。

你是不是很羡慕那个花匠呢?告诉你吧,花匠可是花了很长一段时间来研究这位法官的。因为他也很喜欢小狗,可是没有那么多的余钱去买。聪明的花匠在仔细地研究了这位法官之后,又进行了具体地分析,最后设计了上面的对话。"世上无难事,只怕有心人",所以最后他成功了。

总之,作为销售人员要知道,每个人都会有值得你去羡慕、称赞的地方,只要你仔细地进行研究,认真地把它挖掘出来,并真心地加以称赞,你就一定会受益无穷。

第六章 说让客户感觉你在帮他的话
心急吃不了热豆腐,从客户的拒绝中寻找机遇

销售,是从被拒绝开始的。销售员要敢于面对销售过程中的各种挫折和失败,敢于正视客户的拒绝,并将客户的拒绝转化为不断磨炼自己的动力,努力提高自身的素质,提高自身的销售技能,掌握化解客户拒绝的种种方法……当你这样做时,你已经开始踏上销售的成功之路。

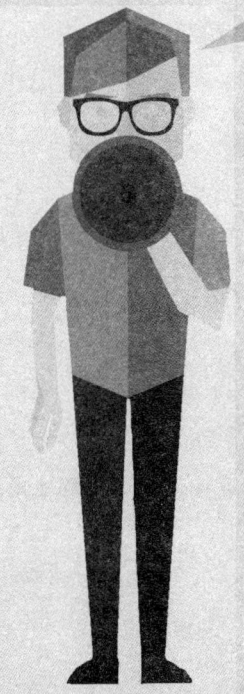

成功的销售都是从被拒绝开始的

几乎所有销售人员都有一个共同的感受和经历，那就是成功的销售都是从接受顾客无数次的拒绝开始的。勇敢地面对拒绝，并不断从拒绝中汲取经验教训，不气馁、不妥协，这是销售人员应学会的第一课。

一位65岁的美国老人，发现自己有一份无形的资产——炸鸡秘方，于是开始四处兜售。但迎接他的是一次又一次的被拒绝。然而老人没有沮丧，没有止步，经过1009次被拒绝之后，在第1010次，终于有人采纳了他的建议，从而也有了如今遍布世界各地的快餐品牌——肯德基。

1009次拒绝之后，肯德基的事业起步了！

作为销售人员，一定要内修心态、外练技能，做到敢于面对拒绝、战胜拒绝，并让自己与拒绝为友。对于拒绝，每个销售员都应当视为一次提升自己的绝好机会。因为，每一次销售失败都可能是你再一次成功的开始。

贝特为了拓展化妆品店的生意，积极进行着开发活动。他在打算进入一家店面之前，准备先在店面附近的仓库出入口逛逛。这时，他听到仓库里传来了争吵的声音。贝特觉得这种形势会对销售非常不利，但既然来了，便决定上前和店主打个招呼。

于是，贝特对店主说："您好！不好意思耽误您的宝贵时间，我只是想和您打个招呼而已。我是××化妆品公司的贝特。"贝特边说边恭敬地递上了自己的名片。

当然，贝特知道在这种情况下，不可能会销售成功，他也已经抱着再来一次的心理。但是令贝特意想不到的是，店主看都没看一眼名片就把它丢在了地上，说："我不需要你的东西，请走远点。"

见到对方这种态度，贝特非常生气，但却压住了心中的怒火，弯下腰拾起被扔在地上的名片，并且说："很抱歉打扰您了！"

得知这种情况后，贝特的同事都认为这家店一定攻不下来，但是在半个月后，贝特还是再度前往拜访。

来到店内，店主很不好意思地对贝特解释说自己那天的行为并不是故意的，只是当时心情不好，所以才会做出那种过火的行为。店主最后欣然接受了贝特的销售，成了贝特的最佳客户。

可见，成功的销售员总是勇于面对顾客的拒绝。事实上，很多时候，被顾客拒绝并不意味着机会永远丧失。当销售人员遇到拒绝时，一定要保持良好的心态，要理解顾客的拒绝心理，要以顽强的职业精神、不折不挠的态度正视拒绝，千万不要因此而心灰意冷，放弃这项工作。如果你持之以恒，把所有的思想和精力都集中于化解顾客的拒绝之上，自然就会赢得顾客。

日本世界寿险首席销售员齐藤竹之助说："销售就是初次遭到顾客拒绝之后的坚持不懈，也许你会像我那样，连续几十次、几百次地遭到拒绝。但是就在这几十次、几百次的拒绝之后，总有一次，顾客将同意采纳你的计划。为了这仅有的一次机会，销售员在做着殊死的努力，销售员的意志与信念就显现于此。"

销售肯定有抗拒。如果每个人都排队去买产品，那销售人员也就没有存在的意义了，顶尖销售人员也不会被人们所尊重。所以销售遭受拒绝是很正常的。

优秀的销售人员认为被拒绝是常事，并养成了习惯吃闭门羹的气度。他们会时常抱着被拒绝的心理准备，并且怀有征服顾客拒绝的自信，这样的销售人员会用极短的时间来完成销售；即使失败了，他们也会冷静地分析顾客的拒绝方式，找出应对这种拒绝的方法，等到下次再遇到这类拒绝时就可以从容应

对,成交率也会越来越高。

销售的秧苗往往是经过一连串地辛勤灌溉后,才能开花结果。所以,作为销售人员,不要想着一次就正中靶心,而应该努力思索怎样才能打动顾客的心,怎样才能让顾客发现自己的需要,发现你服务的热诚。因为他的拒绝,你才有机会开口,了解原因何在,然后针对机会一举突破。因此被拒绝不是坏事,反而应该视为促进你销售工作的契机。

销·售·金·言

军队里流行一句话:"平时的要求叫训练,特殊的要求叫磨炼。"销售也是如此。如果你把客户的拒绝当成自己失败的抗体,又何必担心这些外来的挫折会打击自己呢?销售人员应该越挫越勇,把客户的拒绝作为对自己销售技巧的磨炼。销售人员只有具备高超的销售技巧,才能应付市场的不同需求,化解客户的种种拒绝。

很多销售人员之所以不能很好地销售产品,是因为他们只是想到自己卖一件产品赚多少钱。如果你只想到自己能赚多少,那一定会遇到更多的拒绝,会遭受更多的打击。

因此,一定要记住,我们销售产品,不只是把产品卖给顾客,而是在帮助顾客,帮助顾客解决困难,为他们提供最好的服务。永远不要问顾客要不要,而要问自己能给顾客提供什么样的帮助。能否用积极正面的心态去看待拒绝,是决定你销售事业成败的关键。

用幽默打开顾客的拒绝之门

人们都喜欢看卓别林的表演,喜欢听逗人大笑的相声。为什么呢?因为他们的表演极富幽默感,给人以欢乐,给人以轻松。

一位精明的销售员,要想在市场上来往穿梭,游刃有余,就要学会应用幽默的语言,让顾客喜欢你。当然销售员的幽默不是为幽默而幽默,而是所说的故事、所讲的笑话都要有的放矢,有助于吸引顾客对销售的产品感兴趣。

有一个大学生思想很活跃且为人幽默。他在当了销售员之后,萌发出一个好主意。有一次,他走进一家报馆问:"你们需要一名有才干的编辑吗?"

"不。"

"记者呢?"

"也不需要。"

"印刷厂如有缺额也行。"

"不,我们现在什么空缺也没有。"

"那你们一定需要这个东西。"年轻的销售员边说边从皮包里取出一块精美的牌子,上面写着:"额满,暂不招人"。如此轻而易举,在轻松愉快中促成销售实在是妙。

这个大学生获得成功说明了什么道理呢?销售员要上门销售自己的商品或服务,就意味着闯进一个陌生人的领地,而顾客也会把你当作一位陌生人。人们虽然害怕孤独寂寞,渴望更多的朋友和更多的理解,但是面对陌生人又会有一种本能的戒备心理和抵触情绪。因此对于销售员来说,顾客在考虑是否购买

商品之前,往往将你当作一位陌生人,不假思索地采取疏远态度,甚至拒之门外。

要想成为一位优秀的销售员,首先要善于销售自己,具备很快接近顾客,并打消顾客戒备和抵触心理的本事,从而达到成功销售商品或服务的目的。而这位大学生就很善于销售自己,他正是运用了幽默的方式,才迅速接近了顾客,成功地销售了本公司的业务。由此可见幽默具有神奇的魅力。

销·售·金·言

幽默能使你豁达超脱,使你生气勃勃;幽默能使你具有影响力,使你打破僵局,摆脱困境;幽默是润滑剂,也是成功者的禀性。所以无论是朋友相处,还是销售,都应富有幽默感。

在销售的过程中,如果客户拒绝,甚至陷入了僵局,这时销售人员若能恰当地使用幽默的语言,就会给双方带来快乐,拉近彼此的距离。高雅风趣、机智巧妙、深入浅出的幽默语言能够起到化拒绝为亲近,化敌意为友好的作用,使对方在诙谐中领悟你的意图,进而化解拒绝,出现柳暗花明又一村的境地。日本销售大师原一平曾经有过这样的经历:

有一天,原一平去拜访一位准客户,他敲开了客户的家门:"您好!我是明治保险公司的原一平。"

客户敷衍道:"哦……"

对方端详着名片,过了一会儿,才慢条斯理抬头说:"几天前曾来过某保险公司的业务员,他还没讲完,我就打发他走了。我是不会投保的,你多说也是无用,为了不浪费你的时间,我看你还是找其他人吧。"

"真谢谢您的关心,您听完我的介绍之后,如果不满意的话,我当场切腹。无论如何,请您拨点时间给我吧!"原一平一脸正气地说。

对方听了忍不住哈哈大笑起来,说:"你真的要切腹吗?"

"不错,就这样一刀刺下去……"

原一平一边回答,一边用手比画着。

客户说:"你等着瞧,我非要你切腹不可。"

"来啊,我也害怕切腹,看来我非要用心介绍不可啦!"

讲到这里,原一平的表情突然由"正经"变为"鬼脸",于是,准客户和原一平一起大笑起来。当两个人同时开怀大笑时,陌生感消失了,成交的机会也就来临了。

在特定的环境下,原一平以"死"相逼的夸张手法,制造了一个戏剧化的场面,打破了客户的拒绝,不能不说是幽默运用的杰作。由此可见,销售员爽朗的性格和幽默的谈吐是转化客户拒绝态度的良方,如果运用得当,会起到事半功倍的效果。

成功的销售源自语言的艺术。出色的销售人员,是一个懂得如何运用语言的艺术转化客户拒绝的人。美国有329家大公司参加的幽默意见调查表明:97%的销售人员认为,幽默在销售中具有很重要的价值;60%的人甚至相信,幽默感决定销售事业成功的程度。

不过,在运用幽默来达成交易时,也要注意把握好幽默的度。幽默就是开玩笑,它有以下几点要求:

1. 针对不同的客户开不同的玩笑

对于比较熟悉的客户,玩笑的范围自然可以扩大;对于不熟悉的客户,玩笑的范围相当的局限。熟悉的客户往往不介意销售员的话;相反,如果销售员跟他客套起来,他会觉得非常局促。而不熟悉的客户因为和销售员比较陌生,所以他对销售员所说的每一句话都比较介意;如果销售员跟他毫无顾忌地乱开玩笑,他会觉得这个销售员过于轻浮。

2. 开玩笑时要保持微笑

如果没有笑容,玩笑就很可能被误认为是讽刺。在和客户开玩笑的过程中,销售员一定要保持微笑。微笑是销售员正在开玩笑的有力证据。销售员的微笑其实就是告诉客户,他此刻说的话是为了让客户高兴起来。有些销售员在开玩笑的时候一本正经,本来很有意思的玩笑,也变成极有讽刺意味的话,结果破坏了销售员和客户之间的关系。

3. 开玩笑不要冲淡谈话主题

销售员和客户交谈的主题只有一个，那就是达成交易。有些销售员非常幽默，开玩笑的手法也相当高明，但是一开起玩笑来，就把客户的思路越拉越远，最后冲淡了谈话的主题，导致交易失败。我们把这样的销售员称为"不分轻重"的销售员。虽然这种情况是每一名销售员都应极力避免的，但是"不分轻重"的销售员却经常干出这样的傻事。

4. 要把握好开玩笑的时机

和客户开玩笑要把握好时机。在达成交易的全过程中，最适合开玩笑的时机就是处理异议阶段。客户的异议很难处理时，销售员可以借助幽默将这种异议轻轻地带过，让客户自觉地不再提出这样的问题。

第六章 说让客户感觉你在帮他的话

当顾客想去别家看看时，怎样说才能挽留住他

俗话说："货比三家不吃亏。"任何一个客户都知道这个道理。所以，他们在挑选产品时，总是希望有更多的选择。这一心理的存在给销售人员带来了很多困扰。不论你怎样给顾客介绍产品，客户总是一副可买可不买的态度，然后不冷不热地抛出一句："我想再去别家看看。"

有些销售员可能会想"既然客户要去别家再看看，那就让他去吧"。其实，客户说"去别家再看看"，也隐含了一些弦外之音，需要销售员去用心挖掘。客户之所以会有这样的态度，或许是因为你推荐的产品品种实在无法满足客户的挑选要求，但大多数情况下，则是因为客户这种"货比三家不吃亏"的心理在起作用。对此，销售员要想留住客户，就需要掌握一定的沟通方法。

李小姐发了薪水后，准备去买一套时装。她走进了一家时装店，在店里转了一圈后，摇了摇头说："唉，我还是再去别家看看吧。"

站在她身旁的销售员立刻说："这位顾客，您先留步，请问您是觉得我们店的时装种类太少，选择的余地不够大吗？"

李小姐："是啊，就这几件衣服，怎么选啊？"

销售员："确实，您说得很有道理，开时装店首先就是要吸引客户的眼球。不过我们老板非常喜欢有特色、经典的时装，款式不落伍又不落俗套。"

李小姐："你这么一说，我还真发现你们店的时装的确和其他店的不一样。"

销售员："是啊，产品贵在精而不在多嘛。从您的装扮来看，您也是很注重品位的人。时装虽然容易过时，但只要搭配得好，总是能穿出永不过时的感觉。"

　　李小姐："这看法我赞同。我身上这条裙子，别人都以为我是新买的，其实这是我两年前买的呢，只是我喜欢用不同的方式搭配，所以总能穿出不一样的感觉。"

　　销售员："是啊，您再注意看下我们店的衣服，其最大的优点就是容易搭配，而不是追求新奇！"

　　李小姐："嗯，那你觉得我穿什么样的衣服适合呢？"

　　销售员："我看这件就不错，您的身材这么好，而这条裙子的设计走的正是复古路线，肯定能凸显您的身材。"

　　李小姐："是吗？我相信你的眼光，我去试试看。"

　　最后，李小姐非常高兴地买下了这条裙子。

　　在这个案例中，当李小姐说想要再去别家看看时，销售员并没有放弃销售，而是主动承认了李小姐的看法——产品种类太少。接下来她也并没有以"已经卖得差不多了""新货过两天就到了"等做借口推脱，而是表明虽然种类少，但是款式经典、有特色等，进而让李小姐发出这样的感叹："你这么一说，我还真发现你们店的时装的确和其他店的不一样。"然后，她又对李小姐的品位进行了一番夸赞，更是让其对自己产生了信任感，最终促成了购买。

　　那么，作为销售人员，当遇到顾客说要去别家看看的情况时，应该如何应对呢？我们可以通过上面的案例，做如下总结：

1. 先稳住顾客

　　当顾客说"我想再去别家看看"时，销售员要明白，这其实只是顾客的一种托词而已，你不要以为他还会再回来光临你，所以你应做的就是要先稳住他。

　　而要想留住顾客，就要像案例中的销售员一样，用产品其他方面的卖点吸引住客户，进而转移话题。比如，你可以对顾客说："我们店里的产品虽然种类不多，但都是经过精挑细选的，款式既经典又畅销。"不过需要注意的是，你所说的话一定要与事实相符。如果店里的产品并非如此，却硬要这样说，那丢掉的可能就不光是顾客了，还有店铺的信誉。

2. 服务至上

现代社会，随着竞争的日益加剧，在产品质量和功能大同小异的基础上，人们在购买时也逐步带有情感因素，更加关注销售方的服务态度，谁的服务好，就购买谁的产品。所以说，销售员做好服务也是赢得顾客非常关键的一环。如果服务得不周到，就很有可能让顾客感觉受到了冷落，从而影响成交。

销·售·金·言

当客户推托时，你要注意观察客户的反应，比如，客户的面部表情，身体语言，说话的语气和声调的变化等。然后再综合各种信息，进一步展开与客户的周旋。在跟客户进行周旋时，必须及早地确定客户最大的疑虑是什么，如果把最大的问题解决了，那其他问题也就会迎刃而解了。

3. 用特色打赢对手

在追求时尚与个性的今天，人们越来越注重产品的个性化。我们在购物时，也会不经意地发现一些面积虽小却很有特色的店铺，比如，专门经营民族服饰的店铺、专门经营精品小饰品的店铺等。这些店铺虽然看起来不大，但往往内有乾坤。而如果这些店铺的销售员不懂得销售的技巧，不善言辞，那顾客就会觉得产品种类不足，还是会先去别家看看。

因此，作为销售人员，当客户说想去别家看看时，要想留住顾客，就要让他感受到产品的特别之处，或者具有某种特别的含义，让顾客改变原来的观点，用特色勾起顾客的兴趣和购买欲望，从而达成销售。

当客户说"我考虑考虑"时怎么办

在销售过程中,很多时候无论销售员怎样热情地介绍产品,客户好像都觉得产品可有可无,通常他们会轻描淡写或者不耐烦地说"我考虑考虑吧"。客户这样说是什么意思呢?是不是表示他真的考虑购买?如果你真的这样认为,并且指望客户考虑好了主动跟你联系,那你就上了客户的当了。

其实,客户说"我考虑考虑",只不过是他们习惯拒绝的借口。所以,当消费者说这样的话时,销售员要能够听出消费者的言外之意,不要真的傻乎乎地守株待兔。那么,在这种情况下,销售工作该怎样进行下去呢?

正确的做法应该是接招,抓住"我考虑考虑"这句话,采取一些适当的话术,努力使销售成功。你可以对消费者这样说:

"方小姐,我可能说得还不够详细,以至于让你举棋不定。那么请让我再给你详细介绍一下吧。"

"张总,非常感谢您能对我们的产品感兴趣。您可以把您的疑虑告诉我吗?看看我能不能帮您解决或者分析一下。"

"李老板,既然您这么忙,要不请您现在就考虑清楚吧。我怕以后再来打扰您。"

另外,当遇到客户说"再考虑考虑"的情况时,销售员可以礼貌大胆地询问对方考虑的内容和原因,以便了解更多的消费者信息。

某手机厂家研制了一种功能强大的新产品,假设你是这个厂家的销售代表,在你完全了解了手机的性能和使用方法之后,你就可以开始你的销售工作了。这时,有消费者来看你的商品。当然,由于是新手机,定价相对较高,在消费者心中还没有影响力,消费者只是在广告宣传中知道一二。这时就需要你用打动人心的话来推介:"这是我们刚刚推出的一款新手机,精雕细琢的程度直至微米,赏心悦目的铝金属外壳,主屏幕按钮中的蓝宝石水晶非常漂亮并且十分耐用,处理器功能很强大,后置摄像头1300万像素,前置300万像素。如此高水准的设计与制造工艺,在别家是找不到的。凡在本店购买单品金额超过1500元即可获赠精美礼品,保护膜、读卡器、挂件、剪卡器、手机擦布,可以任选一件。"

先用这段话把消费者吸引住,然后再向他强调现在就应抓住时机购买:"现在,这款手机刚上市,活动力度比较大,前期的用户体验和调查反馈都非常不错,肯定能成为畅销品。要是买得晚很可能会买到翻新机。要是你真的需要一款手机的话,不如现在买一部,你说是吧?"

至此,真正有需求的消费者在这种情况下可能就不会再犹豫了。

消费者之所以犹豫不决,是因为他们对销售员所介绍的产品没有详细地了解,他们没有十足的把握,怕买回去后悔,所以经常会采取拖延的措施。那么作为一名销售员,该怎么做才能让消费者放心,促使他们快速成交呢?我们不妨试一试下面这些方法。

1. 主动与同类产品比较,突出优势

比较法是产品销售中常用的方法,就是以自己产品的长处与同类产品的短处相比,使其优势更突出。如果消费者不能够接受本产品的定价,销售员要给消费者明明白白地解释清楚自己产品的价格为什么比别家的高。销售员如果能够将竞争对手的产品优势和价格熟练、如实地说出来,并给消费者算一笔账,通过数字的对比,就能够让消费者非常直观地看出你所销售的产品确实是物有所值。

2. 让消费者感觉到现在购买是最佳时机

对付消费者犹豫的最好办法,就是用证据向消费者展示,如果现在不购

买，很可能就会错过这个村没有这个店，不会再有这么划算的机会。在销售过程中，我们可以向消费者强调购买的最佳时机就是当下，让消费者感觉到如果现在不出手，将来就可能买不到或需要花费更多。这样，消费者在想买实惠东西心理的作用下就会掏钱。要注意的是，我们强调购买的最佳时机时，必须把这种商品的市场行情、生产商的情况向消费者介绍清楚，避免让消费者认为我们是信口开河。

销·售·金·言

现实销售中，很多销售员表现出来的是为了销售而销售，而这无疑会加重客户的种种疑虑，使他们不愿意购买。而客户只有在认为现在做出成交决定可以获得最大利益的前提下才会真正决定成交。因此，销售人员要更多地站在客户的立场上考虑问题，要让客户明白你是在诚心诚意地为他们着想。

3. 让消费者有一种紧迫感

为防止消费者拖延，我们可以向消费者强调时间的宝贵性。在消费者说出延迟购买的话语之前，先对消费者提出希望和要求，这样会在某种程度上削弱消费者的拖延欲。

4. 增强消费者的购买欲

我们要把突破点放在产品的使用价值上，可以从产品能为消费者节约、增收的方面入手，暗示消费者能够从中获益，让消费者自己去权衡利弊。与此同时，你一定要让消费者觉得你所销售的产品或服务是首要选择。

4. 多说赞美的话

美国一位心理学家指出："渴望被人赏识是人最基本的天性。"既然渴望赞美是人的一种天性，那我们就应该在平常的生活和学习中掌握好这一智慧，这无疑对销售工作大有好处。通过赞美让消费者不得不为面子而掏腰包。你可以赞美男人有钱，赞美女人漂亮、有气质、眼光好，赞美孩子可爱等，这些溢美之词会为成功销售起到推动作用。

当客户说"我做不了主"时,你该怎样开口

在销售过程中,销售人员常常会遇到这样的情况:当销售员满怀热情地为客户介绍产品,客户对产品也很满意,销售员信心满满地以为客户会购买时,客户却说:"我得回去和家人商量一下,我做不了这个主。"这句话犹如一盆冷水浇灭了销售员的热情。一些销售员以为客户这样说就等于拒绝购买,于是就放弃了销售。而也有一些销售员过于急功近利,听到客户这样说,为了挽回客户,他们死马当活马医地回应顾客:"这种事情还要问家里人啊,自己决定就行了。""不用商量了,这么超值的产品哪里还有啊?"而这两种回应方式无疑都会赶走顾客。

其实,当客户跟你说"做不了主"时,一般情况下隐含了两个意思。一个正如他所说,客户真做不了主,你还没有找到决策者。这时你要询问对方有决策权的人是谁,并与决策者进行有效联系。比如:

汽车4S店内,客户王先生看完车后,对车子表示很满意,与销售员小赵也谈得很融洽。当小赵询问王先生能否当天订车时,王先生说"我还做不了主"。小赵经过进一步询问,得知王先生需要请示太太后才能决定是否购买。于是小赵诚恳地邀请王先生和太太下次一起来看车与试乘试驾,并和王先生约定了下次见面的时间。王先生与太太一起看过车后,均表示满意,于是小赵把这辆车顺利地销售了出去。可见,当客户说"做不了主"时,有效挖掘出重要的决策者,有助于实现成交。

客户说"做不了主"的另一个含义是,对方其实能做得了主,只是想以此

为借口拒绝你。那么这时，我们需要找出客户拒绝我们的原因：你把自己的身份与来意介绍清楚了吗？你确认过对方是你要找的人了吗？你是否洞悉了对方的顾虑，并予以解决？如果对方没有了顾虑，而且你销售的产品确实是对方所需要的，对方又具备支付能力，那么客户还会说"做不了主"吗？

我们来看下面的案例。

小马是一名保健品销售员，她所在的公司主要做会议营销。一天，她带着自己的客户——老张夫妇一起参加营销会场。

会场上的保健专家课讲得很好，台下的听众也很喜欢听，对产品的疗效也很满意。在确定签单意向时，老张告诉小马"自己做不了主，需要征求老伴儿的意见"。

小马在与老张夫妇接触时，发现老张健谈，而他的老伴儿却不太爱说话，具有购买决策权的应该是老张。

于是，小马很坦诚地对老张说："张大爷，刚才养生专家讲的课，您和大婶儿都能听懂吧？我们知道，养生关键是要体疗、食疗、心疗，但也不能完全忽视保健品的作用。尤其对于上了年纪的人，服用咱们的保健品，可以有效软化血管，降低血压、血糖等，咱们的保健品获得了国家批准以及保健品协会推荐，实际疗效显著，我们在会上也看到了一些老客户现场讲说。购买了咱们的保健品后，您和大婶儿都可以服用，健康是您两位共同的心愿，在健康这个问题上，您就是做一次主，大婶儿也不会反对吧？您说是吧，大婶儿？再者，咱们现在是促销期，购买有优惠，而且价格定得也合理。如果错过今天，以后再买，可能就享受不到这样的优惠幅度了。"

老张听后，与老伴儿商议了一下，便从小马那儿购买了5个疗程的产品。

在这个案例中，客户老张其实在购买行为中有很大的决策权，之所以说"自己做不了主"，是因为销售员的介绍还没有打动自己。当他意识到产品的价值时，最终还是以他为决策者选择了购买。

可见，客户说"做不了主"，并不意味着我们与客户的沟通就前功尽弃。

我们可以通过弄清客户拒绝所隐藏的含义，来确定面前的人是否有购买的决策权。如果对方不具有购买的决策权，那么，销售员就应该想办法弄清谁是起决定作用的人，然后再与有购买决策权的人进行沟通。如果对方拥有决策权，那么导致对方说"做

销·售·金·言

在销售的过程中，当遇到客户说"再和家人商量商量"的情况时，要明白，通常来说，在是否购买上如此犹豫不决的客户，一般性格多优柔寡断，没有主见，极易受外界环境的影响。所以，遇到这种顾客，销售员一定不要轻易让其走掉，而是要抓住其犹豫不决的性格特点，尽量说服其购买。

不了主"的真正原因又是什么？了解清楚对方迟疑的真正原因后，销售员再对症下药加以解决。销售员必须要有耐心，不要逼迫客户马上做出决定，而要通过自己真诚和良好的服务去赢得客户的信任。

因此，当客户说"做不了主"时，并不意味着销售结束，还需要你判断客户说这句话背后的真实原因。或许，这个拒绝才是成交的真正开始。

当客户只认牌子不认产品时，如何改变他的想法

在进行产品销售时，我们或许会听到客户这样的反馈："没听说过这个牌子，不敢买。""我一向只买品牌产品，这种杂牌的产品没有保障，我可不敢买。"这类顾客常使销售员陷入尴尬。有些经验尚浅的销售员会显得局促不安，并认为已经没有回旋的余地，只能放弃销售。而实际上，如果我们能够运用技巧消除顾客的疑虑，继而让其选择购买产品，也并非不可能。

王女士到电器商城打算买一台笔记本电脑。可她发现名牌电脑价格超出了她的预算，而知名度低的电脑虽然价格合适，但又担心不好用，因此很纠结。

这时，一位销售人员前来询问："您好，女士，请问您是来买电脑的吗？有什么需要帮助的呢？"

张女士便将自己的困惑告诉了对方。

销售人员说："单就品牌知名度而言，我们的产品确实没有一些大品牌响亮。但对于我们消费者来说，我们看重的是性价比，您说是吗？一般而言，大品牌往往意味着产品质量与售后服务有保障，您说是吧？"

张女士表示同意。

销售人员接着说："凡事有利便有弊，大品牌的价格超出了您的预算。而对用户来说，我们看重的是能否满足自己的需求。根据刚才和您的沟通，我们的这款产品可以很好地满足您的需求。而且，产品口碑很好，产品的生产工艺也是国际质量管理体系认证的。此外，我们的售后服务也很好。在配置与性能几乎一样的情况下，选择高性价比的产品，要好于只选择品牌响的，您说是吧？"

张女士听后，思考了一番，觉得有理，便买了知名度一般但性价比高的电脑。

第六章
说让客户感觉你在帮他的话

从这个案例中我们可以看到,客户本来是去购买某品牌电脑的,在销售人员耐心解释后,发现其他牌子的电脑性价比也不错,便选择购买了其他牌子的产品。案例中这位销售人员就成功地改变了客户"只认牌子不认可产品"的想法,既销售出去了产品,也让客户买得实惠,实现了双赢。

销·售·金·言

如果顾客只认品牌不认产品,我们就要从产品质量方面给予保证,并强调产品的优势不仅在于产品本身,而且在价格方面也会让顾客感觉物超所值。同时,可以适时引导顾客体验产品,让其感受产品的好处,使顾客自然而然地放弃对名牌产品的盲从。

现实中,客户是因为需要才购买产品的,通常他们都不是产品方面的专家,因此只有依赖品牌的承诺,这也是很多客户只认牌子不认产品的一个重要原因。

如果我们的产品和那些大品牌产品在质量上没有很大出入,你可以告诉客户质量都是一样的(当然需要具有说服力的证据),只是牌子没有对方响亮;告诉客户,对方的一部分钱支付了大品牌产品的广告费。我们可以让客户自己思考一下:是希望买个实惠,还是希望捐助一些企业去打广告?理性分析的话,客户购买产品,最看重的是三点:质量、价格、服务。而品牌只是这三者衍生出来的。如果我们能比某些品牌做得更好,客户也会选择我们的,久而久之,我们也可以成为更好的品牌。可见,所谓"品牌",不是静止不动的,也是在不断变化的。

如果我们的产品质量确实不如大品牌产品,那么我们可以在价格和附加值上做文章。比如,我们可以告诉客户:"我们产品的价格比大品牌低,同样的价钱,大品牌产品只能买一个,而我们的产品却可以买到三个,而且我们的保修期限比大品牌的时间长。"产品之间,优劣势是可以互相转化的,我们要懂得化自己的劣势为优势,而对自己的优势则重点强调,从而可以扩大优势、缩小劣势。

所以,面对一些只认牌子不认产品的客户,适当做一下比较说明,对帮助其下定购买决心是有帮助的。

当客户说"我没有钱"时,如何让他"不差钱"

客户:"你家的东西不错,我很想买,可是我现在没钱啊。"

销售员:"您一看也不是个没钱的人啊。保险你早晚都要买,它毕竟是人生最好的保障之一了,有钱的可以多买点,钱少少买点,至于买多少您说了算,我来当您的参谋。"

客户:"再等一段时间吧,我手头确实紧。"

销售员面对客户时,可能会听到对方说"没钱,买不了"。这招儿好像也是客户最有效的撒手锏——"你不是卖东西的吗?我没钱,你还怎么卖给我?"我们不妨想一下:客户说"没钱",难道是真的没钱吗?未必,很多时候,这只是客户的一种借口。客户这样说的原因是,你还没有说服客户,没有让客户心动。

其实,客户说"没钱",往往潜藏了很多含义。我们弄清楚了这些潜藏的含义,就能有效应对客户说"没钱"的问题了。比如,当客户以"预算已经用完,现在没有钱"为借口时,我们可以这样说:"李经理,我完全理解您所说的,但凡一个管理完善的公司都必须仔细地编制预算。但预算也需要具备弹性,您说是吧?假如今天我们讨论的这项业务,能帮您的公司拥有长期的竞争力或带来直接利润的话,作为一个决策者,您是愿意让预算来主导您,还是由您来主控预算?"这种情况下,客户就要衡量一下自己到底是"真差钱儿",还是"不差钱儿"了。

有时客户说"没钱",也可能是为了压低成交价格。这时销售员可以这样说:"先生,客户在选择一样产品时,会注意三件事:一是产品的品质,二是优良的售后服务，三是最低的价格。但现实中，我从来没有见过一家公司能同时提供最优秀的品质、最优良的售后服务、最低的价格。也就是说，这三项条件同时具备的情况几乎是不可能的，就好比高档汽车不可能卖普通汽车的价格一样。所以您现在要选择产品的话，愿意牺牲哪一项呢？愿意牺牲我们产品优秀的品质，还是我们公司卓越的售后服务呢？有时候我们多投资一点，就能得到真正高品质的产品，您说是吗？"

有时客户说"没钱"，可能是意味着花钱购买你的产品不值。这种情况下，销售员就不要与客户纠缠"钱"的问题，而应该从其他方面寻找突破口。可以将客户的注意力转移到产品能够给客户带来的利益上，让客户感到与获得的利益相比，增加一点投入、多花一些钱算不上什么。

如果客户确实缺乏支付能力，也会说"没钱"。这时，销售员可根据具体情况，使客户觉得购买机会难得，尽力协助客户解决支付能力的问题，比如，客户选购汽车时说"没钱"，那么销售员可以告诉客户"能提供分期付款，首付30%，可以分三年还清，利率很低，每个月还款也不多"。"有钱"与"没钱"是相对的。你如果告诉对方一辆车20万，对方可能由于确实没这么多钱，从而说"没钱"；但你告诉对方首付30%即只需要先付6万就可以把车提走，余款分期来付时，对方可能又会变成"有钱"，而且对你的产品也会认真考虑的。

因此，在客户说"没钱"时，我们提供几个应对办法。

1. "所以我才推荐您用这种产品来省钱/赚钱"

我们要让客户知道，我们的产品能够为对方省钱或赚钱，为对方寻找购买的理由。比如，你在向客户销售保险时，客户说"没钱"，你可以说："咱们这种保险是分红返利型的。您现在购买的话，每个月所交的保费并不多，只是300元，您60岁后，每月可以领取1500元。比您做其他投资超值，而且您获得的回报也大。"这个时候，对你的建议，客户就要认真考虑一番了，或许会选择你的产品。

2. 如果你看得出客户说"没钱"只是借口

遇到这种情况时，我们可以见机行事。比如：

一个销售员上门销售化妆品，女主人很客气地拒绝了："不好意思，我现在没钱买，等我有钱再买。"

但这位销售员看到女主人怀里抱着一只名贵的狗，就说道："您这只小狗真可爱，一看就知道是很名贵的狗。"

销·售·金·言

导致客户在支付能力上提出异议，原因是多种多样的。有时候确实是没钱，有时候只是一种拒绝销售员的借口，所以销售员要根据具体情况具体分析。只有用心去打动客户，才能促成销售。

"是呀！"

"您一定在它身上花了不少钱和精力。"

"没错。"

女主人开心地向销售员介绍她为这条狗所花费的钱和精力。

结果，女主人不再说自己没钱了，反而非常高兴地买下了一套化妆品。

这个办法你可以反复使用，效果很好。也就是说，你可以先和对方谈无法支撑其"没钱"理由的事情。当然不一定每个客户都养只小狗让你说事儿，但你可以称赞对方昂贵的钻戒、豪华的客厅或办公室、高档的服装或皮鞋等，让对方感到自己"不差钱儿"，无法再说"没钱"。

3. 帮客户想办法弄到钱

钱虽然不能"无中生有"变出来，但可以凑出来，关键在于客户是否真的想买。如果他真的喜欢你的产品，你可以帮他想出购买的办法，比如，分期贷款，向亲友借点儿钱。我们前面一个例子中，就介绍了销售员以分期付款的方式解决了客户"无钱买车"的问题。

所以，客户"没钱"，并不是无法成交的必要条件，这就考验销售员的智慧，让钱"无中生有"，让客户变得"有钱"来交易。面对客户说"没钱"时，你要分析对方是"真差钱儿"，还是"不差钱儿"，最后设法让客户都变得"不差钱儿"。

第七章 善言更要善听

销售不是独角戏,业绩的80%都是靠耳朵听来的

说话,是销售员的职责,但说话,也是客户的需求。别忘了,客户才是上帝,所以,必要时,你不得不把说话的权利让给客户。倾听可以使你弄清对方的秉性、兴趣和经历,了解到对方在思考什么、真正的意愿是什么。而且,你竖起耳朵聆听对方说话的样子,看上去很尊重、很重视客户,这会让客户放开顾虑尽情说话。这样,大订单就被你"听"来了。

不做喋喋不休的"独白者"

世界上最伟大的销售员乔·吉拉德曾这样说过:"世界上有两种非常强大的力量,其中之一就是倾听。倾听,至关重要,你倾听越久,对方就越乐意接近你。根据我个人观察,总有些销售员喜欢喋喋不休,所以,他们业绩平平。上帝为什么给了我们两只耳朵一张嘴巴呢?也许,这就是为了让我们多听少说吧!"

王女士准备给6岁的儿子买一套合适的书桌和书柜。她选择了一家全国知名的家具代理商。这天,她来到这家公司的品牌店。

王女士一进门,一名销售员就热情地迎了上来。销售员迫不及待地说:"欢迎光临,一看您就有眼光。本店的家具质量上乘、设计一流、豪华高档,摆放在您的客厅里,一定能大大提升您的品位。"

王女士很有涵养地笑了笑。"谢谢,不过我对这些倒不是很重视。对了,你能给我讲讲这套家具的具体构造吗?"她指着一套家具说。

销售员的脸上堆满了笑容:"非常乐意为您效劳。这套家具的边角采用的是欧洲复古风格,设计十分独特,还可以当作梳妆台用,非常适合您这样高雅的女士……"

王女士不得不打断销售员的谈话:"是这样啊,好像这也不是我最感兴趣的。我比较关心的是……"

销售员紧紧地跟在她的身边,马上就接过了她的话:"哦,我知道了,您看看!这套家具采用的都是上乘木料,外面还配置了保护层,我敢保证它的使用寿命绝对在20年以上……"

王女士又一次打断了销售员的话:"不好意思,关于这些,我都相信。但是我想你误会了我的意思,我更关心孩子……"

王女士本想说:我更关心这样的家具适合不适合给孩子用。还没等她的话说完,销售员就自作聪明地抢过来说:"这位女士,这样的担忧,在我们店里,您完全可以省略。我们会为您的家具特别配置一些防护措施,能够避免孩子在上面乱涂乱画。对了,您再看看,这件家具还是一件有价值的收藏品。如果您买全套的话,我们可以给您优惠价。"

王女士实在听不下去了:"对不起,我想我真的不需要,谢谢你,再见。"

销售产品的过程其实就是与客户沟通的过程。在这个过程中,销售员不要只顾独白,它是一个双向对话的过程,要有一个良好的谈话氛围和融洽的客情关系。这样你与客户才能做到心与心之间的交流,实现价值的传递,从而让客户接受你的产品。在这种状态下,你的产品和客户的要求就像钟表中的两个齿轮一样,会毫无障碍地契合在一起。

所以,在销售的沟通过程中,客户并不只是被动地接受劝说和聆听介绍,他们也要表达自己的意见和要求,也需要得到沟通的另一方——销售员的认真倾听。因此,让客户多说、自己多听是销售沟通中每个业务人员必须学会的技能。

销售员要知道介绍产品的目的是让客户接受,让客户听明白。如果销售员一味地狂轰滥炸式销售,不顾及客户的感受,客户很可能因为找不到需要的信息而拒绝购买。在营销的过程中,一定要给客户说话的机会。要明白,一个人如果看到自己的倾诉对象在真心且专心地听自己讲话时,他的内心会有一种满足感。在这种满足感的驱使下,他才愿意继续跟你交谈,然后销售产品才有可能继续下去,生意才有可能做成功。

这个世界上没有人愿意被忽视,也就是说,不管谁,只要是在说话,就希望有人听。而没有人听或者听者没有认真听的时候,对于说话的人来说,则感到一种极度的不尊重。所以有效的销售是建立在双向交流的基础上的。对于销售员来说,雄辩的口才虽然重要,但学会去聆听,学会了解顾客的想法和感受

同样重要。

在倾听他人说话时，要做到耳到、眼到、心到，同时在必要的时候还要辅以其他的行为和态度。具体来说，需要掌握以下几种聆听技巧：

销·售·金·言

弗洛伊德曾说："如果你能使别人说得足够多，他简直无法掩饰其真实的情感或真正的动机。"一旦你十分专注地听，不放过客户的任何一句话，从那些话中探听到隐藏的蛛丝马迹，你就能知道一切你想知道的。

第一，注视说话者，保持目光接触，不要东张西望。

第二，单独聆听对方讲话时，身子要稍稍前倾。

第三，在交谈的过程中，要始终保持自然的微笑，表情要随对方谈话内容表现出相应的变化，而且在他人谈话的过程中，要对谈话内容做到恰如其分地点头。

第四，在他人讲话的过程中，不要随意打断，如果要发表意见，需要等他人把话说完了，你才能接口。

第五，需要转移话题时，不能直接来个"峰回路转"，而是要通过巧妙的应答，然后把对方讲话的内容引向所需的方向和层次。

客户的每句话,都要认真地倾听

销售是一个对沟通有极高要求的过程。买卖双方只有沟通好了,心情愉悦了,才能交易成功。而在这一过程中,很明显应该是以客户为主要满足对象的。毕竟,"顾客是上帝"绝不是一句空话。客户想倾诉,想唠叨,你应该怎么做?你只需要专注倾听。专注倾听可以使对方在心理上得到极大满足,这样你的生意才可能做成。

可是在现实的销售过程中,很多销售人员在听客户说话时,总会有这样的表现,即表面上摆出一副倾听的样子,内心却急不可耐地在等待一个让自己说话的机会。他们完全把"倾听"这件好武器给抛弃了,只是把它当成形式。

有一位化妆品销售员向一位女顾客销售一款新产品,整个过程都十分顺利,只差最后付款交货了。这时,女顾客向销售员聊起了她的女儿。

女顾客得意地说:"你没见过我女儿,那皮肤才叫水灵,毛孔细,皮肤还很白皙,都不需要擦任何化妆品!"

销售员一边填购物单一边说:"嗯,化妆品还是很重要的,生活必需品。"

"不是,我女儿那皮肤就不需要啦。说到我女儿啊,我真的感到非常骄傲,她从来都不用我操心。"

销售员头也不抬地说:"哦?"

"她呀,小时候成绩就好,年年都是班级第一。从小到现在,得了不知多少个三好学生了!"

"哦……那个,小丽啊,帮我把那支笔拿过来。"销售员冲着一个同事喊。

那位女顾客还在继续说："现在长大了，更让人省心了，如今她考上了重点大学，已经成为我们家里的骄傲了！"

这时销售员填完了购物单，对女顾客说："女士，你等一下就拿这张单子去那边收银台付款吧……"

销售员话还没说完，女顾客就打断了他，说："我考虑了一下，还是决定不要了。"说完，扔下化妆品就走了，留下销售员目瞪口呆地站在原地。销售员苦思冥想了半天，也没有弄明白，为什么明明已经成交的买卖却瞬间消失了。

其实上例之所以没有成交的原因很简单，当顾客在谈论自己引以为豪的女儿时，她并没有认真地听，也没有对此称赞几句，而只顾着低头填写购买单，对客户的话置若罔闻。当客户谈论自认为很重要的事情时，销售员却表现得无动于衷，这会让客户感到自己不受尊重，自然也就不想再和你做买卖了。

销·售·金·言

客户是上帝，不管客户是跟你谈生意也好，还是跟你拉家常也罢，客户的每句话，你都要认真地听、仔细地听，只有这样，才能在无形中赢得客户的心，客户自然也就愿意自动掏出钱包了。

所以，作为销售人员要记住，在交易还没有达成前，客户的每句话，你都要认真倾听，因为从客户的话中，你会发现需求和商机。在交易已经达成后，客户的每句话，你仍然需要认真地去倾听，这不仅是一种礼貌，更是一种职业素养。否则，一旦把客户惹恼了，之前的努力就全都白费了。

另外，有些时候，真诚的倾听还会让你获得意外之喜，让"不是客户的人"都有可能成为你的客户。

有一天，化妆品销售大师玫琳·凯在海边散步。突然，她看到一块岩石上坐着一个女孩，女孩的脸上满是哀怨，还挂着未干的泪痕。

第七章
善言更要善听

玫琳·凯轻轻地走上前去，问道："你好，我叫玫琳·凯。我能跟你聊聊吗？"

女孩并没有搭理她，仍然一声不吭地坐在那里独自哀伤。

玫琳·凯并没有就此走开，而是很温柔地对她说："虽然你脸上满是忧伤，却依然显得很美丽。你看上去心情非常糟糕，是有什么让你难过的事情吗？你可以把我当成不会说话的大树向我倾诉，我想这比看着忧郁的大海更管用。"

女孩低头想了一会儿，果真向玫琳·凯倾诉起来了，说到伤心处，还流下了眼泪。整整一个小时，玫琳·凯一直在用心地倾听，没有说一句多余的话，只是在适当的时候点点头，并不时地用真诚的眼神鼓励她。

玫琳·凯的真诚倾听和关注，打动了女孩。最后，女孩坦言道："我今天来到海边，原本是想结束自己的生命的。因为我一直深爱的那个人，在得到功名后却抛弃了我。"

玫琳·凯听完，轻轻地拍了拍女孩的肩膀，真诚地鼓励道："别灰心！世界上好男人多得是，你一定能遇到一个有责任心、真心待你的男人。像你这么漂亮、温柔的女孩，连我都非常喜欢，更何况是男人呢？所以你一定要坚强起来。"

女孩非常感激地说："从来没有一个人耐心听我说这么多话，跟您说完后，我感觉找到了真实的自己。我现在坚信，活下去一定会有希望，一定会美好的。谢谢您！"

从那之后，这个女孩把玫琳·凯当成了良师益友，而且也成了她的忠实客户。

玫琳·凯说："听他人诉说痛苦，并给予理解和尊重，就是一种有效的疗伤，不但能帮助他人，他人也会感激你。"很多时候，虽然安静地聆听显得微不足道，可是对于听者来说，却可能会影响他的一生。

因此，作为销售人员，无论对方是不是你的客户，你都要认真地倾听。因为，倾听有时候还会让你获得意外之财。

创造机会,"逼"客户张口说话

一位顾客正在婴儿用品区寻找着什么。销售员热情地迎了上去:"您好,请问您有什么需要帮助的吗?"客户没有回答她的问题。

"您手上拿的这款奶瓶是新产品。它配备的奶嘴能够促进孩子味蕾的发育……"销售员介绍着。可是,客户还是一言不发,仅仅看了售货员一眼,就继续看奶瓶。

此后,无论销售员怎么和客户做介绍,客户都保持着惊人的沉默。这使销售员非常尴尬。最后,客户没买任何东西就走了,销售员也不知道客户到底需要什么。

透过客户的肢体语言,我们可以准确地推测出他的性格特征,进而确定与他打交道的基调。事实上,不管什么样的客户,只要能够交流,聪明的销售员就总能顺利销售。可唯独案例中这类沉默型的客户,让人有些无从下手。

沉默型的客户很好分辨,他们往往对销售人员主动上门的服务无动于衷。不仅对销售员打的招呼没什么反应,甚至连他们的介绍、建议等也采取忽视的态度。难道是这些客户对所有事情都胸有成竹,或者倔强到完全不听别人意见的地步吗?也不是。对于沉默型的客户,我们要查找原因,区别对待。

就以案例中的客户为例。这位客户虽然没有对销售员的销售活动报以积极的回应,但她也没有把销售人员的销售当作耳旁风。这从她在听完销售人员的介绍后,又认真看了看手中的奶瓶这一细节就能看出。这种客户往往就是天生不愿意多说话的人。他们不是不愿意理销售人员,也不是没有问题,只不过他们不善于交流。打开他们的话匣子,你的销售还是有很大希望成功的!

第七章
善言更要善听

俗话说得好:"君子若不开口,神仙也难下手。"客户如果不说话,销售员就没戏。所以,一旦客户三缄其口,默默无语,你就要竭尽所能地撬开对方的嘴巴。

销·售·金·言

在很多场合,虽然客户表现得沉默寡言,但是,从内心需求来讲,他们其实都具有"说话"的强烈欲望。那么,为什么他们闭口不言呢?原因只有一个:你没有创造出让客户说话的机会。只要你创造出机会,"逼"着他说,他就会说!

乔·吉拉德是世界上卖出汽车最多的销售员。当他遇到那些看上去有点腼腆的客户时,他往往会主动地对他们说:"我有一项特殊的本领,我能看出一个人从事的职业。"

这时候,客户往往会很感兴趣。当客户看着乔·吉拉德时,有时候并不会开口说话。面对这种情形,乔·吉拉德就会接着说:"哦,我敢打赌,您是一位医生。"在美国,医生不但是收入比较高的职业,而且还是令人尊敬的职业。这位客户并不恰好就是医生,但这么说就算是错了,客户也不会生气,因为他觉得,在你眼里,他是一个受人尊敬的人。"不,不是的。"看车人回答道。"那么,您在哪里高就呢?""你不会相信,乔,我在图兰克肉类公司做事。"这时,客户脸上会露出一些羞涩,"我的工作是宰牛。""哇,太棒了!"乔·吉拉德热切地说,整个人看起来相当兴奋,"长期以来,我都在想,我们吃的牛肉到底是怎么来的。在方便的时候,我能去你那里看一看吗?"

乔·吉拉德说的时候,是真的想去看,而不是在敷衍客户。于是,他们便热烈地讨论起了参观杀牛的事情。20分钟后,客户完全被乔·吉拉德所感染,顺利地买下了车子。很快,乔·吉拉德便挑了一个不忙的时间,去参观了宰牛工厂。在那里,他见到了那位客户的许多同事,那位客户不断地向他的同事热情地介绍:"这就是卖给我车子的人,乔·吉拉德。"于是,乔·吉拉德又认识了许许多多可能买车的人。

当乔·吉拉德下一次碰见肉类公司的人看车时,他就会说,我有一个朋友在图兰克肉类公司。于是,他们之间又找到了一个共同话题。

要通过倾听来获得客户的信息,就必须懂得先调动起对方的谈兴。那么如何才能让客户愿意谈起自己的情况呢?这就需要一些技巧了。成熟的销售员都知道,要顺利地促成交易,最好就是知道客户是从事什么行业的。然而,如果直接询问,则会显得生硬,有时候还不能获得客户的直接回答。所以,销售员可以向乔·吉拉德那样,主动猜测客户的职业,并且要把对方的职位说得稍微好一些。一般人都喜欢听赞美、恭维的话,销售员这样说可以满足客户的虚荣心,从而引起对方谈话的兴趣。

第七章
善言更要善听

学会有效倾听，捕捉商机

作为销售员，我们在与客户交流时，一定要留意倾听对方说的每一句话。因为有些时候，客户所说的话里会有言外之意，还可能会在无意间透露出一些利于销售的信息。一些看上去无足轻重的话，往往可能会隐藏着商机。

布雷斯是一位非常有抱负的企业家，他独自创办了一本很了不起的《黑人》杂志。在开始创办杂志时，他总是捧着自己的杂志亲自去销售，亲自去寻找客户。那些态度强硬的客户，最后总会因为各种不同的原因而和布雷斯达成合作关系。那么，他是怎样搞定那些客户的呢？只因为他有一个特殊的本领，即他总能通过客户的三言两语来获悉客户的想法。

有一次，布雷斯突发奇想，想把约翰森无线电公司做成自己的广告客户。于是，他立刻找到该公司总裁尼古拉斯的电话，并打了过去："你好，尼古拉斯先生，我是《黑人》杂志的布雷斯。我希望可以和您面谈，讨论一下贵公司的广告问题。"

尼古拉斯冷冰冰地说："抱歉，我没时间见你。我没兴趣跟人谈广告，何况我也不主管广告。"随即尼古拉斯就挂断了电话。

布雷斯并没有就此放弃，他想："不管广告？堂堂一个公司总裁，难道有什么是他管不了的吗？怎么样才能让他感兴趣呢？"

经过一番调查，布雷斯获知该公司所有大政策都由尼古拉斯决定，包括广告政策。可见，自己并没有找错方向。于是，布雷斯又给尼古拉斯打了一通电话，询问自己能否去拜访他，一起聊聊约翰森公司在黑人领域进行广告宣传的政策。

尼古拉斯无奈地笑了笑，对布雷斯说："我很欣赏你的坚持不懈。我可以见你，但事先声明，一旦你提及那些让我们公司在你杂志上登广告的事，我们的谈话就立刻结束。唉，与其跟你谈无趣的广告，还不如去看汉森的访谈呢！"

布雷斯想："不能谈广告，那谈点什么呢？汉森的访谈又是怎么回事？"布雷斯把尼古拉斯的每句话都分析了一遍，然后决定再更深入、全方位地调查一下他。布雷斯细心察看了尼古拉斯的所有相关资料。他发现尼古拉斯是一个探险爱好者，还曾独自去过北极，而这一举动完全是步汉森的后尘。汉森是一位著名的黑人探险家，出过好几本自传体历险书籍，他曾经到达过北极点。

当知道了尼古拉斯对汉森的喜爱后，布雷斯一下子变得胸有成竹。他派自己的一个追星族手下去找到汉森，请其在刚出版的一本探险集上签了名，然后把当月《黑人》杂志里的一篇随笔撤了下来，换上了一篇介绍汉森的文章。

见面那天，布雷斯拿着签名书和新出的《黑人》杂志走进了尼古拉斯的办公室。进入办公室，跟尼古拉斯打完招呼后，布雷斯径直走向书柜边，指着上面的一双靴子说："尼古拉斯先生，这双靴子可真漂亮呀！"其实他早已经提前打探到：这双靴子是汉森赠送的。

尼古拉斯看着那双靴子，激动地说："嗯，这双雪地靴可是汉森送给我的！他有一本很棒的探险集，你看过没有？"

布雷斯笑着说："呵呵，正巧看过。看，我这儿就有一本，上面还有汉森专门为您签的名。给！"于是，布雷斯把书递给了激动万分的尼古拉斯。

尼古拉斯一边翻看一边说着："像汉森这样著名的黑人探险家，你们就应该在杂志上多介绍介绍嘛。"

"的确，您的想法跟我的是一样的！这是我们的最新一期。"布雷斯又把新出的刊登有介绍汉森文章的《黑人》杂志递给了尼古拉斯。

看了那篇介绍汉森的文章后，尼古拉斯变得更加高兴，他兴奋地说："你们杂志的风格还真是不错嘛！我非常喜欢。"

布雷斯充满憧憬地说："我创办这本杂志的目的，就是想要介绍一些像汉森那样的勇于克服一切艰难险阻、努力拼搏赢取胜利的人。这样的人，值得人们尊敬！"

听完这些话,尼古拉斯笑着对布雷斯说道:"你知道吗?我现在实在想不出什么理由去拒绝在你们这本杂志上刊登我们公司的广告!"

销·售·金·言

客户的每句话都是"金玉良言",也许正是因为其中一句无关痛痒的话,就能使你获得一笔大财富。所以,无论何时,都不要轻视客户嘴里的任何一句话。有效倾听,探知客户的价值观,并用巧妙的方式表明自己与其拥有同样的价值观,是获得客户认同并拿下订单的一大诀窍。

布雷斯为什么能够拿下尼古拉斯这样一个"难啃的大客户"的广告订单呢?因为,他从尼古拉斯那毫不客气的话里找到了机会,从而投其所好!

所以说,无论什么时候,都要认真倾听客户所说的每一句话,因为从中你可以获知客户在想什么,忌讳什么,逃避什么,容易被什么打动,等等。总之,任何你想得到的、想不到的都会从那些话里显露出来,而你只需要认真去听,听明白客户的话外之音,然后按照客户说的去做,那样你才有可能取得成功。

客户说话的时候,不要随意插话

培根曾说:"打断别人,乱插嘴的人,甚至比发言者更令人讨厌。"打断别人说话是一种最无礼的行为。每个人都会有情不自禁地想表达自己想法的愿望,但如果不去了解别人的感受,不分场合与时机,就去打断别人说话或抢接别人的话头,这样会扰乱别人的思路,引起对方的不快,有时甚至会产生误会。

同理,在销售中也不例外。如果在客户说话的时候,我们总是不能安静地听,动不动就想插句话,这样只会留不住客户。

维尔丽是一名化妆品销售员,她感到非常苦恼,因为她尽心尽力地销售,客户也很认同她,可是最后客户还是头也不回地走了。她不明白自己到底错在哪里,于是去向乔·吉拉德请教。她苦着脸说:"吉拉德先生,我肯定是做错了什么,可是我怎么都想不出来到底是哪里错了。"于是,乔·吉拉德让维尔丽把销售的过程详细说了一遍。

那天,维尔丽在柜台前接待了一位中年妇女,那位女士告诉维尔丽,她想买一瓶保湿露,让维尔丽帮忙推荐一下。

维尔丽很聪明,并没有自作主张地拿出一大堆各式各样的保湿露向这位太太乱推荐,而是先问道:"请问您的皮肤是属于干性、中性,还是油性的呢?"

"哦,应该是干性的吧?你帮我看看?"

于是,维尔丽给这位太太鉴定了一下,确定是干性后,便递给她一款防晒保湿露,说道:"这款产品非常适合干性皮肤,保湿效果很好。现在又是夏天,它还能适当帮您防晒,一瓶两用。您觉得咋样?"

"还能防晒啊,这个不错,不知道我女儿可不可以用,有没有……"

"对不起,太太,容我插一句。不同年龄层的人,因为肤质不同,使用的化妆品也应不同。如果是买给您女儿的话,还是让她自己来试用比较好。"

"谢谢你,这我知道。我只是想问问,有没有适合年轻人用的这种类型的保湿露?"

"当然有。您知道您女儿是哪种皮肤吗?"

"我没记错的话,她跟我一样。"

"好的。"维尔丽递过来一瓶年轻人用的保湿露,说,"这款非常适合年轻人在夏天使用,滋润但不油腻,很温和。"

"这款的防晒系数能抵挡住高强度的阳光吗?我女儿过段时间可能要去海边,那里的……"

"不好意思,太太,如果是去海边的话,最好再买一款防晒系数更强的防晒霜,这样才能有效抵抗强紫外线。"

"那你给我拿一支吧。"

"给您,这个防晒效果非常好。"维尔丽微笑着说。

"这种防晒霜不会导致皮肤过敏吧?我女儿曾经用过另外一种,结果一晒脸就通红,还有……"

"太太,容我插一句。这一点您完全可以放心,我们这个牌子的质量绝对没问题!我给您包起来吧?"

"不用了,我还是再考虑一下吧。麻烦你了。"这位妇女说完就走了。

乔·吉拉德听完维尔丽的叙述后,说:"在整个销售过程中,你确实没有说错任何话,进展也算顺利,客户对产品也比较满意……"

"既然如此,那为什么没有成交呢?"维尔丽着急地问。

"维尔丽,在销售的过程中,你犯了一个致命的错误,我想你根本没有意识到,而且你刚刚又犯了一次。"

"啊?什么错误?"维尔丽惊讶地问道。

"你在销售的过程中,连续打断客户三次。而且你刚刚又打断了我一次。不知你有没有注意到,每次你打断客户的时候,客户一定会有些不高兴,也许

还会沉默一会儿。因为你一直在打断她的思路,使得她慢慢失去了倾吐的欲望。这就是你没有成交的原因。"

"天啊,我只是想纠正客户的错误想法!"

"可是你完全可以等客户说完停下时再说嘛!"

倾听客户说话的目的,并不是为了纠正客户的错误,而是一个了解客户、让客户倾吐的过程。作为销售人员,要想成功销售,就要做到认真倾听,在客户说话的时候,千万不要三番五次地乱插话。

销·售·金·言

听客户说话,就要拿出诚意与耐心来,这样客户才会感受到你的尊重,他就会主动与你进行沟通,你也就能把那些在倾听中发现的问题告知客户,从而解决问题。

销售之神乔·吉拉德在听客户说话时,总是全身心投入,从来不会因为任何个人因素去打断客户的言谈,他说这是对客户最起码的尊重。他认为不打断客户,认真聆听,努力控制局面,也是为了让客户更好地集中精力说话。如果你频繁打断,那么客户就没法连贯说话;没法连贯说话就会再也不想说话。而一旦客户不想说话了,那一切就都完了。

第八章 说客户认可的话
讨价还价巧接招,让客户"心随你动"

俗话说"买卖心不同"。在销售过程中,作为卖方希望以较高的价格成交,而作为买方则期盼以较低的价格成交。这是一个普遍规律,它存在于任何领域的谈判中。虽然听起来很容易,但在实际的谈判中做到双方都满意,最终达到双赢的局面,却是一件不简单的事情。这需要你的谈判技巧和胆略。

报价也需讲技巧

很多销售人员在报出价格后,经常会听到客户的抱怨之词:"价格太贵了""这有点贵""这个报价太离谱了"……

为什么客户听到我们的实心报价后,会觉得价格太贵,无法接受呢?其实,在报价的时候,如果我们能够巧用一些方法,客户接受起来就会容易得多。

美国著名的汽车销售代表汉森,以前是位数学老师,由于每天忙工作,他很少帮妻子买菜做饭。有一次,他的妻子病了,汉森自己去超市买菜。他去超市的路上,看到一个卖马铃薯的菜农,汉森走过去,问菜农马铃薯一磅多少钱,菜农说:"仍是老价钱,一美金一磅。"于是汉森买了20磅回家,回到家后一问妻子才知道,自己买的马铃薯比超市贵得多。

汉森自己分析道:"在那时,我朦胧意识到,仍是老价钱,就是廉价!"但二者其实没有关系,但稀奇的是自己与菜农成交的时候,却一点儿也不觉得贵。其实,这就是有效的报价方式,用最为平实、让人习以为常的报价词语来形容价格。这样的报价方式,客户要更加容易接受。

可见,在销售过程中的报价问题上,有时候换个方式报价,客户接受起来就会容易得多。

那么,在报价的时候,需要掌握哪些技巧呢?

1. 塑造产品价值

客户购买的不是价格,而是价值。运用这种报价方法,需要我们把握好沟通的进程，要在客户提出价格问题之前就让客户对产品的价值产生认同感。在销售员对产品价值进行一次次强化后，客户感觉物有所值，报价也就不再是问题了。

2. 拆细报价法

这种报价方法是把整个产品的价格拆成小单位来报价。比如，一位男士看中了一块价格为2400元的进口手表，但又嫌价高，有点犹豫不决。这时，你可以这样告诉客户："这种表2400元，但可使用20年。您想，每年只花120元，每月只花10元，每天仅花0.33元。3毛多钱算什么呢？况且它可在7300天里，天天为您增光添彩。"

3. 引导法报价

这种方法是利用一些先入为主的语言迎合客户力求低价的心理，引导顾客接受你的报价。比如："您今天很幸运，我们做活动，比平时优惠很多。""最近比较便宜。"此外，在报价时，声音要响亮清晰，态度要坚决干脆，让对方感觉这就是最低价。

4. 抵消报价

对产品的高价，销售人员可先将其构成要素一一列出，再与其可能抵消的价格因素相比较，这样高价也就看起来成为低价了。比如，一位销售员把一台设备报价为8000元，用户认为太贵。这位销售员说："该设备一台生产成本6200元，附设零配件500元，获金牌加价300元，送货上门运输费200元，所以盈利只有800元，销售利税率仅为10%。如果后面三项不计算，每台价格只有7000元，比其他同类设备还要便宜。"所以采用抵消法报价，更能显示出企业产品在价格上的优势。

5. 负正报价法

在报价时，也要讲究一定的说话技巧。比如，对同一产品的价格可以用两种方式讲：一是"价格虽然高一点，但产品质量很过硬"，另一种是"产品质量的确很过硬，只是价钱稍高一点儿"。这两种方式用词基本相同，但对用户却会产生截然不同的感受。第一种方式是将重点放在产品的质量好上，所以价格才贵，用户产生产品质量好的印象，就坚定了用户的购买欲望；相反，第二

种方式是把重点放在价高上，用户产生一种望而生畏的感觉，这样就削弱了用户的购买欲望。

6. 选择合适的报价时机

在销售中，选择合适的报价时机也是成功销售的一大要素，但关键在于怎样找到这个报价时机。最佳的报价时机必须具备以下两个条件：

销·售·金·言

好的开始是成功的一半，当你第一次向客户报价的时候，确实需要花费一些时间来进行全盘思考。开价高可能导致一场不成功的交易，开价低对方也不会因此不进行还价。因为他们并不知道你的价格底线，也猜不出你的谈判策略，所以依然会认定你是在漫天要价，一定会在价格上与你针锋相对，直到接近或者低于你的价格底线为止——这样当然是一次不折不扣的失败的谈判。

首先，客户对产品要有充分的了解。其实每个客户都会对产品价格产生异议，这也是人们购买产品时普遍存在的心理。只有在客户了解了产品的具体情况后，能理性地看待产品价格了，这时候再报价效果会更好。

其次，客户对产品有急切购买的欲望和热情。如果客户的购买热情并不强烈，除非是价格很有吸引力，否则销售员主动报价，客户也会不为所动。如果价位对于客户来说比较贵，那这个客户就一定会流失。

总之，我们不一定只能靠低价来换取订单，只要你能灵活利用各种报价技巧，平时多加总结，相信我们的销售工作一定能顺利开展。另外，还需注意的是，无论生意是大是小，都要做长线生意，不能乱开价，也不能咬死不让，这样我们才能把产品卖出满意的价格，同时还能和客户保持良好的关系。

顾客开口砍价，该如何应答

在销售过程中，总会碰到一些喜欢杀价的顾客，不管产品有多么优质，只要销售员一报上价格，他就会立刻挥刀砍价，恨不得把销售员出的价格"斩尽杀绝"。面对顾客开口砍价，销售员应该怎么回答才好呢？来看看下面案例中的销售人员是如何应对的吧。

一天，一个女孩走进了一家服装店，在经过一番挑选之后，女孩把目光锁定在了一款时尚的连衣裙上。

销售员："小姐，您眼光真好，这款裙子是我们的镇店之宝，也是今年最流行的款式，无论是花色还是款式，都是非常时尚的。如果您喜欢可以试一下。"

女孩把裙子穿好，站在试衣镜前，销售员说："这件连衣裙能衬托您的气质，特别是您今天穿的这双高跟鞋，看，搭配起来多漂亮。而且马上就能穿。"

女孩："嗯，是不错。多少钱啊？"

销售员："这件衣服是新款上市，299元。"

女孩："那么贵，只不过是一条夏天的裙子嘛。200元行不？"

销售员："不知道您发现没，这件连衣裙虽然是流行时装，但却简单大方，也属于经典款式。如果您保养得好，穿个两三年是没有问题的。实际上，一般我们都是很少打折的，难得你这么喜欢这件衣服，穿起来又这么漂亮，就给您打个9折吧。"

女孩："好吧，那就拿这件吧。"

案例中的销售员之所以能够成功卖出产品，是因为她在销售中活用了价格。在探明了客户的价格底线后，巧妙地把话锋一转，以打折的方式让客户感觉获得了利益。这样商品不仅能够以较合理的价格成交，也不会造成客户的反感，相反还会让客户满意而归。

销·售·金·言

在价格谈判过程中，经常会遇到一些立场特别坚定、咬紧价格不放的客户，这时候，千万不要来硬的。你可以适当地做出让步，从而促成交易。

讨价还价在销售过程中不但是至关重要的部分，还是不可忽视的一个环节；因为销售的核心问题就是利益。所以，如果我们不能巧妙应对价格问题，双方就会陷入谈判僵局，轻则谈判破裂，重则伤了和气、断了情义，给以后的往来带来困难甚至经济受损。

那么，当遇到客户开口砍价时，销售人员该如何应答呢？

1. 适当让步

如果客户开出的价格和我们的期望价格相差不多的话，则可以站在客户的立场上说话，比如，可以这样说："小姐，我知道，您是想以最合理的价格买下这件衣服，不过您开出的价格比我们的进货价格还要低。您看这样行吗？我们折中一下，我给您打个9折如何？"这时，如果我们言辞诚恳，先做出让步，然后也请对方做出让步，那样僵持的局面就能很快得到缓解，问题的焦点也就能很快转移，实现从"不让"到"让多少"的转变。如果能成功实现转移，对方就将有一半让步的可能性。

但这样做也存在问题，那就是会让客户觉得你的让步是理所应当的，从而变得寸进尺。所以，销售员在让步的时候，一定要做出一副迫不得已的姿态，在最后关头再做出让步，这样容易获得客户的理解从而使其见好就收。

2. 补偿措施

很多聪明的销售员懂得利用人们爱占便宜的心理，采取一些补偿措施来弥补客户在价格上的让步。同样，当我们不能满足客户开出的价格时，也可以采取补偿措施法，比如，可以这样说："小姐，您也知道，我们做小生意的也不容易，您多少也得让我们赚点儿吧，您这个价格我们实在无法接受。要不这样吧，我给您办一张我们的会员卡，下次您再来光临的时候，我直接给您打8折，您看怎么样？"很多时候，客户都乐意接受这种补偿措施。

另外，在经济活动中并非全都是一手交钱一手交货的，还有一种"物物交换"。使用补偿措施就能实现一种利益的互补、互惠、动态型的经济交往，从而让客户达到心理平衡。

事实上，一名聪明的销售员不但能掌握整个销售活动的主动权，还能排除各种不利于销售的因素，特别是价格问题。即使客户主动出价，已经掌握了价格谈判的主动权，但只要能够善于利用以上应答技巧，就一定能够轻松应对。

把话说到客户心里去

如何应对客户说"别家更便宜"

我们每个人都希望能够买到物美价廉的商品,所以,总会抱着"货比三家"的心理,对同类商品进行价格、价值等各方面的比较。一些销售人员在遇到客户说"别家比你家要便宜得多"这种情况时,为了为自己的商品辩护,就随即反驳客户说:"怎么会一样呢?一分价钱一分货。""他们的商品怎么能和我们的比呢?"其结果只能是不但无法成交,还会让客户对商品产生怀疑,影响自身的形象。

一位女士来到某商场电器专区,转悠了一圈后,脚步停在了一款车载冰箱前面。

销售员:"您好,请问您要买什么产品?"

女士:"听说,你们这儿的车载冰箱不错。"

销售员:"是的,请问您是想买车载冰箱吗?"

女士:"我随便看看。"

销售员:"哦,那您看看这款吧,这是我们今年刚从国外引进的,质量非常有保障,用起来也很方便。"

女士:"进口的?那一定很贵吧?"

销售员:"这是德国××品牌旗下最有名的产品,售价是2600元。"

女士:"这么贵啊!这种小型车载冰箱一般最贵也就1000多,网上也只卖几百元,我刚刚也看过几款,最贵的也没超过1500元。"

销售员:"您看的质量怎么能和这种国际品牌的比呢?一分钱一分货。"

这位女士一听,便头也不回地离开了。

通过上面的案例我们可以看出，本来这位顾客对该品牌的车载冰箱很有兴趣，可最终却选择了离开，这是为什么呢？原因很简单，顾客认为产品贵，这位销售员非但没有进行挽留和解释，反倒说："您看的质量怎么能和这种国际品牌的比呢？一分钱一分货。"这样说，就等于是否定了顾客的眼光和欣赏水准，并且还贬低了竞争对手的产品，使顾客觉得这位销售员素质不高，自然会选择离开。

每位顾客在买产品时都会在价格上对不同品牌的产品进行比较，这时，销售员如果采取诸如"那家东西质量不行""那您去买便宜的吧"等类似消极的回应方式，就会使顾客放弃购买。那么，面对这种情况，我们应该怎样正确应对呢？

1. 突出产品的独特

要向客户突出产品的独特之处，并且强调这些优势是竞争对手所没有的，是不可替代的。要让客户感到如果不在我们这里买，对他来说将是一个极大的损失，迫使他自己主动让步。这需要你动一番脑筋，实行个性化生产或者个性化服务，让客户觉得我们的产品或服务是独一无二的。比如，你可以这样对客户说："先生，我知道您觉得多付150元不值得，但您要知道，我们厂生产的西服，工艺和面料都是非常讲究的，它的设计风格更是独一无二，是其他厂家所不能比的。但是，对于这么好的产品，您却开出了如此低的价格，这是我们所不能接受的。"

2. 强调产品能够给客户带来的好处

我们要把着眼点放在产品的使用价值上，我们可以从产品能为客户节省费用、增加收益等方面入手，提示产品给客户带来的效益有多大。这也是打动客户的有效方式，让客户在衡量利弊得失后，觉得自己给出的价格确实不太合理。想做到这一点，需要销售员清楚地知道所销售的产品能为对方带来什么好处，并事先塑造好产品优势。比如，销售员可以这样说："是的，我知道这份建议书意味着您要增加一大笔广告预算。但是，它会大幅度提高产品的销量，产生更高的利润。一句话，它会为你赚到好几倍的利润。"或者也可以这样说："投资5万元购买我们的设备和原料，如果产品的市场销售没有问题，按照每月的产量和产品单价计算，实际上您3个月就可以完全收回投资。"

3. 发挥产品的比较优势

比较法是以自己产品的长处与同类产品的短处相比，使其优势更突出。如果销售员确实不能够接受客户开出的价格，那么必须清楚明确地解释自己的理由。销售员如果能够将竞争对手、同类生产企业和产品供应商的产品优势和价格如实地说出来，有时可以把这些资料写在纸上，形成文字的东西，通过比较就可以让客户看出我们的产品不但质优而且价格也很合理。如果客户再压低价格的话，就是没有道理的了。具体我们可以这样做：

（1）请客户提示比较标准。

价格是否昂贵，往往都是相对而言的。如果客户提出价格太高，销售员可以通过"您是否能告诉我们，您是与什么比较而认为我们的价格太高呢"这类问题，请客户提示比较标准。这样做的好处在于：如果客户只是随便说说，并没有依据，这时他就可能放弃自己提出的不合理的价格；如果客户能够明确地指出来，那么他表达得越具体，销售员获得的信息就越充分，也有利于从中找到说服的依据。

（2）与同类产品进行比较。

客户："我在别的商店看到一模一样的提包，只卖50元。"销售员："当然卖50元了，那是合成革的。皮包材料有真皮的，有合成革的，从表面上看两者很像。您用手摸摸，再仔细看看，比较一下，合成革提包哪能与真皮提包相提并论！"

4. 不要诋毁竞争对手

一般情况下，在听到客户说自己的产品比同类产品贵时，销售员都会本能地为自己的产品辩护，情绪激动的销售员甚至会诋毁同类产品。他们认为这样能改变客户的看法，让客户购买，但

销·售·金·言

作为销售人员，我们要对自身产品有一个专业的认识和把握，还需要充分了解竞争对手的产品和销售情况。只有对竞争对手的销售情况及弱点有很好的了解，才能在争取顾客时做到得心应手，抓住销售机会。

实际上这样只会适得其反。因为客户也是有判断力和鉴别力的，这种目的性和攻击性过强的回应，不但很难吸引顾客注意你的产品，反而会使顾客对销售员的态度产生厌烦情绪，甚至会转身离开。

因此，无论客户怎么不认可我们的产品，我们都不能诋毁其他品牌的产品。当然，我们在向客户介绍自己产品卖点的时候可以适当地指出其他产品存在的不足之处，但也一定要注意掌握好分寸，不要有任何的针对性。

总之，面对客户说"别家更便宜"时，我们不能轻易妥协，一定要坚信定价是合理的，底气不足是无法说服客户的。要让客户自己意识到我们的产品是物有所值的，从而收回不合理的价格要求。根据实际情况，如果客户真的接受不了我们所给出的价格，那么可以向客户推荐其他更适合的产品。

谈价过程中巧说"不"

每个人的需求不同,因而会有不同的表现。虽然我们希望买卖双方能够配合默契,顺利地完成谈判,但是大多数情况下,利益冲突导致的问题还是会不断地发生。鉴于要营造一个平和、融洽的谈判氛围,以便达成交易,在销售谈判中,我们不能直接拒绝或否定对方,而是要进行有策略的拒绝。

销售人员:"您觉得还有哪些问题……"

客户:"我觉得产品的价格还太高,如果你能将价格调低一些,我会认真考虑的……"

销售人员:"这样吧,每件产品我再降50元,这是最低价,不能再降了……"

客户:"这个价格也不低,能再降一些吗?"

销售人员:"我算一下……只能最多再降10元,再多就真的不能……"

客户:"你们在付款方式上有什么要求?"

销售人员:"先预付一半,另一半货到即付……"

客户:"这一点,我恐怕做不到,因为我现在没有那么多现金。货到3个月后一起支付,可以吗?"

销售人员:"真抱歉,我们公司没有这样的先例,而且我也没有这个权限……"

这就是拒绝策略的奇妙用处。在谈判中知道何时拒绝、如何拒绝,才会收到好的效果。有些销售员担心自己的拒绝会给自己带来不利的影响,因而即使不同意对方的意见，也从不表现出来。他们担心的其实不是拒绝本身所带来的影响，而是拒绝的方法不当带来的后果。

另外，我们鼓励销售员进行拒绝，并不意味着他可以随时拒绝对方。销售员如果不是对对方表示不满，或者想和对方进行争论，就不要轻易地拒绝。你必须在恰当的时机

销·售·金·言

销售过程中说"不"是相对的。为什么说"不"是相对的呢？这是因为谈判中所说的"不"绝不是谈判破裂或彻底失败，只是否定了对方的进一步要求，却蕴含着对以前报价或让步的承诺。而且谈判中的说"不"往往不等于全盘否定。相反，大多数说"不"往往是单一的、有针对性的。所以，谈判中虽然拒绝某些东西，但是还会给对方留下其他方面讨价还价的余地。

进行拒绝，比如，当对方的确非常想要买下你的产品，却因为价钱的问题迟迟做不了决定的时候，你可以对他说："先生，我决定不卖这件产品了。"一般情况下，对方都会提高价钱来购买你的产品的。

究竟该如何拒绝谈判中的对方？我们可以借鉴以下这些拒绝方法。

1. 援引客观条件的限制

在很多情况下，如果对方给你提出了一个无法回答的问题，而且无论你怎么解释，对方都苦苦纠缠的话，你最好表示自己也爱莫能助——由于客观条件的限制，你无法回答对方的问题。这样能够使对方不再纠缠，并且对你表示谅解。

所谓的客观条件主要包括两个方面：一个是局限于你自身的客观条件，比如，技术力量、权限和资金条件等；另一个是社会条件的限制，比如，法律、制度和形势等。当然，这两者可以单独使用，也可以综合运用。

2. 先肯定后否定

当对方提出了一个要求或看法而你不能同意的时候，你可以先找出其中合理的部分予以肯定，然后委婉地表示你不能确定其他的部分。"总的来说，你的看法有一定的道理。"以这样的话语答复对方，对方会更加容易接

受你的意见。

在谈判的时候，尽量不要使用否定性的词语，即使你需要表达出来，也应该用一种更加有技巧的方式。对每个人都应如此，尤其是谈判的对方。他们是提供给你某种利益的人，一旦遭到了否定，他们就会产生不快，从而产生一种抗拒心理。

3. 以攻为守

当对方提出某个你不能接受的要求时，为了不受到对方的牵制，你可以化守为攻。你可以提及对方在前面拒绝的你的某个要求，告诉对方你可以同意他的这个要求，但是他也必须满足你的那个要求，并告诉对方他的这个要求跟你的那个要求是一致的。这样，即使你同意了对方的要求，也不会有任何损失。

4. 引导对方自我否定

即使对方提出了一些不合理的要求，你也不要针锋相对。有时候，你可以旁敲侧击地暗示对方，让他认识到自己的看法有一定的局限性，进而自觉地撤销自己的不合理要求。只有让对方自己否决自己的想法，他才会真心地接受，而不会产生不快。

第八章 说客户认可的话

适当给客户来点硬的

几乎所有人都有过这样的经历,当遭到拒绝时,难免会产生一定的抗拒心理。销售人员如果能合理地利用人们的这种心理,适时地传达出"我不卖",那么客户购买的欲望也许会更大。

碰到态度恶劣的客户时,销售人员有时可以试着态度强硬一些。因为客户有挑选的理由,而作为销售人员,也应该有选择的权利。销售人员应该学会说"不"。销售产品是我们的工作,这份工作也是需要一定的尊重和理解的。

在销售过程中,很多销售人员都把自己的地位降得很低,面对客户就是服从,服从,再服从。他们从来都没有想过,单纯地让客户买你的产品,大多数客户会产生"逆反心理",这样的销售方式肯定不行。你只有站在平等的基础上,介绍给客户一个合理的价格,适时地传达出"超过这个价格范围我就不卖"的意思,那么客户的逆反心理就会被化解,对于产品,他们可能就会欣然接受。

适当地向客户传达"我不卖"的信息是很重要的。当大多数的销售人员普遍说"是"的时候,由于你给客户留下的这种特异的印象,你被选择的可能性也许会更大。

在谈判过程中,销售人员一定要学会适当使用"威胁"。只要运用得当,就会对你的销售工作起到良好的促进作用。

李晨是一家建筑公司的业务员。他最近接手了一项工程项目的谈判工作,公司的谈判价格是8.6万元,而业主给出的价格是7.5万元。经过一段时间的谈判,业主提高到了8万元,但公司的价格底线却是8.4万元。这该怎么办呢?

这时候,李晨站起来对谈判做了总结性发言说:"好吧,我想谈判不应该就这么完了,我们在价格上都花了这么长时间了,并且我们的价格已经非常接近,双方都能接受,如果因为0.4万元的分歧使谈判破裂那是我们双方的耻辱。"

销·售·金·言

在销售谈判中,其实不仅客户有权利拒绝,销售员也要学会适时拒绝。在摸清客户已决定购买但仍想获得更多的利益的这种想法时,不必担心拒绝客户的要求会使交易失败,此时告诉客户"我不卖",客户也许会更期望促成交易。

对方显然心动了,最终,他们说:"那我们折中怎么样?"

李晨显得有些迟疑,说道:"折中,什么意思?我要8.4万元,你给8万元,你说你会涨到8.2万元,我听见的是这个意思吗?"

"是的,"对方说,"如果你能降到8.2万元,我们就成交。"

李晨又说:"8.2万元听起来比8万元更合适一些,跟你说,我得同上级领导商量一下,看看他们的意见如何。我会告诉他们你给到了8.2万元,看看我们能不能成交。我明天给你回话。"

第二天,李晨对他们说:"哦,我的老板态度强硬!我本来相信自己能让他们接受8.2万元,但我昨天晚上花了两个小时——又过了一遍数据,他们坚持说如果比8.4万元少,我们就会亏本。但庆幸的是我们只有0.2万元的分歧。"

最终,这单生意以8.4万元的价格成交了。

销售人员如果在销售的过程当中适当运用"威胁"的策略,促使对方做出促成生意成交的方案,那样反而对谈判更为有利。但销售人员一定要切记:谈判的本质就是总要让对方感觉是他们赢了。

第九章 说让客户放心的话
察言观色，在交谈中迅速把握成交的契机

销售过程好比推着一个巨大的雪球上山。开始阶段，总是力求用尽浑身解数把它推到山顶。然而，眼看雪球就要滚到山顶了，一个不经意，它很可能就会沿着山坡滚下去。因此，销售的成交阶段是非常重要的。销售员只要掌握一些快速搞定客户的说话技巧，就能把握好成交的时机，"踢好临门前的关键一脚"。

越是要成交时越不能急

由产品介绍到解决客户的反对意见,到最后成交,这就好比足球比赛,经历了开球、传球、带球,最后来,临近球门口,就只剩下射门了。在这个紧要关头,很多销售人员往往会表现得很紧张,急于要求客户签下订单,可是,最终结果却往往事与愿违。让我们一起看看下面这个案例。

一对情侣来到一家手机柜台前。销售员晓英走了过来,问道:"请问,二位看中了哪款手机?"

其中那位女士回答:"我们只是来看一看,还没确定买哪一款手机。"说完以后,女士的眼睛又盯向了别的柜台。晓英不想错过任何一笔生意,麻利地拿出一款外形小巧的手机向她推荐起来:"小姐,你看这款手机是专为女性设计的,颜色也有多种选择,有亮白、浅粉和玫瑰红,个性又时尚。"

"对不起,我们想要了解的是男士用的、现在比较流行的、可以摄像的手机。"女士的话打断了晓英的介绍。

然后,晓英又开始向两位顾客介绍时下流行的各款摄像手机,各种性能都介绍得十分详细。

当晓英介绍完之后,她看到两位顾客拿着其中一款手机模型看来看去。晓英猜想,他们对这款手机的性能和外形应该比较满意。急于促成这笔交易的晓英,赶忙指着顾客手中的那款手机说:"这是刚刚上市的新款手机,销量非常好,不过价格要比其他款式的手机都贵一些,二位如果想要就马上决定。"

听到晓英的回答,那对情侣对视了一眼,然后那位女士将手机模型放回柜台,扬长而去。

第九章 说让客户放心的话

对于从事销售工作的人来说,实现成交是每一位销售人员在每一次销售活动中的直接目标。于是,很多销售人员在销售业绩的压力下,因为急于售出手中的产品,往往表现得相当急切,而这容易使客户产生厌烦和警惕心理。

销·售·金·言

在生意场上,你越是急于与客户成交,对方往往越是猜测你心里是否"有鬼",最后失败的往往是你。所以,不管客户怎么样,销售人员都不能着急。越是关键的时候越要稳住。

要知道,有些客户愿意先通过自身观察来了解产品,待他们自己对产品有了一定的了解之后,才会针对产品的某些特点向销售人员提出询问。在这些客户亲身观察和感受产品有关特点时,如果销售人员喋喋不休地在他们耳边大谈产品的各种好处,就未免有些不识时务了。

另外,为了促成交易,销售人员在成交阶段,也要表现得若无其事。比如,在填写订单环节,就要避免跟客户的眼神进行直接接触。如果你抬起头,客户可能会告诉你,他还不准备购买,需要再考虑。如果你低头,眼睛盯着订单认真填写,这时客户就必须采取行动干涉才能阻止你的行动。

当你填妥订单,交给客户时说:"请检查一下。"并将笔递给对方,实际上是在以这个行动告诉客户:"请在这里签名。"所有行动一定要冷静、若无其事地进行。因为在成交时刻,客户的情绪十分敏感,销售员要保持自信冷静的态度,让交易自然顺利地完成。

把话说到客户心里去

有时"沉默"才是最强的武器

许多销售人员都曾经被告知,由于他们"伶牙俐齿",所以他们再合适不过做销售了。一些老掉牙的陈词滥调,让许多销售人员相信专业销售的精髓是在尽可能短的时间内喋喋不休地说尽可能多的话来说服人们购买。

然而,现实情况却是,人们对销售人员最大的抱怨是他们说得太多。在客户决定购买之后,如果销售人员还在不停地说,最终往往会失去这个客户。

实际上,有一种办法,对提升你的销售业绩是有帮助的,那就是"沉默"。当你把产品或服务都介绍完,你的关键句"要不要买"(当然你不可能每次都这样讲)讲完之后,你就不应该再说任何话。接下来,你需要做的就是等客户的反应,这时谁先开口,谁就输了。

一家业务快速扩张的公司因为需要全新的计算机系统,为一笔50万美元的计算机工程招标。在众多投标公司中,一家投标公司的产品介绍可以说是完美无瑕,比如,认清了客户的需求,产品的分析与介绍很到位,也建立了良好的互动关系。

有一天,双方一同讨论提案。买方公司的老板,由于他自己年轻的时候也是做业务起家的,所以他很好奇,这家投标公司的业务代表要怎样说服他签下这笔50万美元的生意。这名老板找来相关决策人员,而对方也带来了他们公司的智囊团。

会议一开始,这名投标公司的业务代表就详尽地介绍提案的内容,包括产品如何安装、有哪些重要细节、售后服务的范围、产品咨询等,种种资料都准备得十分周详,而且他还详细说明了产品的报价,以及这个报价包含哪些内容。最后这名投标公司的业务代表说:"如果您喜欢这个提案,只要您签下这份合约,我们可以马上安装产品。"

说完,这名业务代表就在合约签名处打了一个勾,把笔放在合约书上,然后把整份合约连同笔一起递给买方公司的老板。

这位老板当然知道对方在玩什么把戏,心想:"不过是沉默成交法嘛!"所以,他只是默默坐着,看着对方微笑。

于是,这名老板跟这名业务员相对无语地看着对方微笑,就这样,一动也不动,一句话也没有说,时间仿佛有一个世纪那么长,显然双方都是有备而来的。

大概过了15分钟,这名老板笑着拿起笔,签下了这份合约。这时,两个人都笑了起来,旁边的人也都笑了,一瞬间紧张的气氛顿时消失,生意也谈成了。

从上面这个案例可以看出,有时候在销售谈判中,当你问完"买不买"的问题之后,"沉默"就是你最强的武器,往往说话最少的一方会取得最多的收益。

不可否认,销售是一项表现口才的工作。在与客户沟通的过程中,从事销售工作的人口若悬河、妙语连珠,总能在沟通的过程中以绝对优势压倒对方,但是,任何销售都要注意实效,要在有限的时间内解决各自的问题。你不停地说很可能并没有什么收获,交易结果令人失望,而与沟通过程中气势如虹的表现不同的是,学会沉默反倒会促成一笔交易。

在正常的销售沟通过程中,对于同一个问题一般总会有两种解决方案,即你的方案和对方的方案。你的方案是你自己所知道的;如果你不清楚对方的方案,则在提出本方的报价后,务必要设法了解到对方的方案再做出进一步的行动。然而,沉默不仅能够迫使对方让步,还能最大限度掩饰自己的底牌。

如果你是卖方,相信经常会遇到难以搞定的对手。他们对于自己的底牌守口如瓶,有打死也不说的崇高信念,而且还对你强调和目前的供应商合作愉快,言外之意就是根本没有调换的可能。如果你意志不坚定相信他们的鬼话,

后果很可能是彻底丢掉这笔生意。

不过,别忘了,全世界没有任何一个买家会轻易丢掉一笔好交易,之所以拒绝你,是因为他们在试图了解你的底牌。所以无论出现何种情况,你都要再坚持一下,看看谁更有耐心,不妨再重复一遍之前的话:"还是你们出个更合适的价吧?"

销·售·金·言

销售胜负往往在于一念之差,手中的牌是好是坏,并不能完全决定最后的胜负,关键要看局中人的技巧和智慧。有些时候,即使是一把烂牌也能起死回生;相反,如果缺乏一定的技巧,一把好牌也会输得狼狈不堪。

实际上,就在你即将放弃的前一秒钟,机会来了,沉不住气的一方做出了让步。一般情况下,先开口的一方就是让步的一方,甚至连说辞都极为相似:"好吧,我再让步3%,这是最后的让步,如果你不同意,那么现在就终止谈判。"看看,就是这么的简单,看似没有结果的交易突然峰回路转,柳暗花明。当然,你千万不能做先开口的人,宁可咬破嘴唇了也不能开口。

确认成交信号，把握最合适的销售时机

很多销售谈判之所以最终失败，并不是因为销售员没能有效地说服客户进行购买。很多时候，客户已经做好了购买的决定，可是销售员却没能及时发现他们发出的这些成交信号，结果大好的成交机会就这样轻易错过了。所以，成功的关键就是要好好把握这些机会。

心理学上有一个名词叫"心理上的适当瞬间"，在销售工作中也有其特定的含义，是指客户与销售员在思想上完全达到一致的时机，即在某些瞬间买卖双方的思想是协调一致的，此时是成交的最好时机。如果销售员不能在这一特定瞬间成交，成交的希望就会很渺茫。

在销售中，"心理上的适当瞬间"的到来，必定会伴随着许多有特征的变化与信号。警觉性强并且善于感知他人态度变化的销售员，就能及时根据这些变化与信号，来判断"火候"与"时机"。一般情况下，客户的购买兴趣是逐渐高涨的，且在购买时机成熟时，客户的心理活动越加趋向明朗化，并通过各种方式表露出来，也就是向销售者发出各种成交的信号。这些成交信号，有些是有意表示的，有些则是无意流露的，后者更需要销售员细心观察。

下面就让我们来分析一下客户的各种外在表现，以便销售员能准确抓住成交的信号，达成交易。

1. 动作积极与否是明显的标志

我们把宣传资料交给客户时，如果客户只是随便地翻看了下，就把资料搁在一边，说明他对于我们的产品缺乏认同，或是根本没有兴趣。反之，如果见到客户的动作很积极，像如获至宝似地频频发问与探询，那我们离成交就不远了。

2. 眼神最能透露心里的秘密

最能直接透露购买信息的就是客户的眼神,如果产品非常具有吸引力,客户的眼中就会显现出充满渴望的光彩。比如,当销售员说到使用这一产品可以获得可观的利益,或是可以节约生产成本时,客户的眼睛若随之一亮,就说明客户对此产生了兴趣,有很大的购买意愿。

3. 客户的姿态也能显出成交的意愿

当客户坐得离我们很远,或者跷二郎腿和我们说话,或者双手抱胸时,说明他的抗拒心态很强烈。要么就是斜靠在沙发上,用慵懒的姿态和我们交谈,或者根本不请我们坐下来谈,只愿意站在门边说话,这些都是无效的销售反应。

相反,如果客户对我们说的话频频点头应和,表情十分专注且认真,身体向前倾,则表示客户的认同度高,两人洽谈得越来越好,客户购买的可能性就越大。

4. 客户为了细节而不断询问销售员是成交的前一步

客户为了细节而不断向销售员询问,也是一种购买信号。如果销售员能把客户心中的疑虑解释清楚,令其满意,那么销售就能很快成交。

比如,销售员对产品进行现场示范时,一位客户发问:"这种产品的售价是多少?"对于客户的这个问题,销售员可有三种不同的回答方法:

第一,直接告诉对方具体的价格。

第二,反问客户:"您真的想要买吗?"

第三,不正面回答价格问题,而是问客户要买多少。

这三种答复方式中,哪种最好呢?很明显,第三种更好些。客户主动询问价格,至少表明客户已经对产品产生了兴趣,很可能是客户已经打算购买了,只是先权衡下自己的支付能力是否能够承受。如果客户对销售员介绍的产品根本不感兴趣,一般是不会主动前来询问价格的。

这时,销售员应该及时把握住机会,理解客户发出的购买信号,马上询问客户需要多少数量,会使"买与不买"的问题在不知不觉中被一笔带过,直接进入具体的磋商阶段。销售员利用这种巧妙的询问方式,使客户无论怎样回答都表明他已决定购买,接下来就可以根据客户需要的数量,协商定价,达成交易。

如果销售员采取第一种方式回答,客户的反应很可能是"再考虑考虑";如果采取第二种方式回答,则表明销售员根本没有意识到购买信号的出现,客户的反应很可能是:"不!我随便问问。"可见,这两种答复都没有抓住时机,导致交易无法达成。

总之,在销售过程中,销售员应该具备敏锐的业务眼光,时刻注意观察客户,学会捕捉客户发出的各类成交信号。只要信号一出现,就要迅速转入促成交易阶段。不过,销售员需要注意的是,在成交阶段,应该根据不同客户、不同时间、不同情况和不同环境,采取灵活的敦促方式,对不同的购买信号施以相应的引导技巧,那样才能保证圆满成交。

销·售·金·言

当客户已经决定要买你销售的产品时,往往会产生某种迹象。此时,你只要小心留意这些迹象,就能找到成交的制胜时机。

找到关键点,给顾客一个成交的理由

要想把商品销售出去,首先要给客户一个购买商品的理由。在激烈的市场竞争中,如果你自己都不知道客户为什么要买你的商品,那么,又怎能说服客户去购买呢?

林肯曾说过:"假如我要去法庭帮一个人辩护,要辩护七项,假如前六项都没有第七项来得重要,那前六项我都让你赢,我只要辩护最后的这一项。"这实在是太有道理了。在销售上也是同理。

优秀的销售员都知道,每一个顾客都有一个"购买关键点",也就是他会购买你产品的关键之处。或许你的产品有很多特色,但可能只有一项对他来说是最重要的,而如果没有掌握住那个最重要的关键,那其他的都没什么用。

要想给客户一个正中下怀的购买理由就需要一个前提,即了解客户的需求。

销售员:"您好,我们又推出了一款新的配方牛奶,有××特点,您需要吗?"

顾客:"不需要。"

销售员:"可是我们的牛奶真的很棒……"

顾客:"这跟我有什么关系呢?我从来不喝牛奶,但我仍然很健康!"

在这个例子中,销售员根本没有考虑客户的需求,完全是无的放矢。顾客几句话就把他打发了,这就是很失败的说服。

因此,作为销售员,应该懂得研究客户的需求、喜好、期望值等,找到客户的弱点与软肋进行重点突破,把销售的理由变成客户需要购买的理由。以客户为中心,以需求为导向,这样才能更好地抓住客户的成交关键点。

第九章
说让客户放心的话

一次，原一平去拜访一位退役军人。要知道军人有军人的脾气，向来都是说一不二，刚正而固执的，所以原一平想要成功销售出保险，如果没有让他信服的理由，就等于是浪费时间。因此，原一平在见到这位退役军人以后，就直截了当地对他说："保险是必需品，人人都是不可缺少的。"

军人："年轻人或许需要保险来为自己提供保障，但是我就不同了，我已经老了，而且我没有子女，所以根本就不需要保险。"

原一平："您这种观念是存在问题的，我这么真诚地来到这里，劝说您投保，就是因为您没有子女。"

军人："这是什么道理啊？"

原一平："没有什么特别的理由。"

原一平的这个答复，着实让军人感到有些意外。

军人："哼，要是你能说出让我信服的理由，我就投保。"

原一平故意压低音调，对军人说："我常听人说，作为妻子，如果没有子女围绕在身旁，那便少了最大的欢乐，这是最寂寞的事情了。但是，如果因为没有子女就单单责怪妻子不能生育的话，这是不公平的。既然是夫妻，这一点便需要两个人一起承担。因此，当丈夫的理应好好善待妻子才对。"

原一平见军人有些动摇，于是接着说："如果有孩子的话，在夫妻俩已经年迈的时候，丈夫去世了，孩子还能陪伴着伤心的母亲，安慰着她，并担起抚养的责任。可是，如果一个没有儿女的妇人，一旦丈夫去世，那么还有什么能留给她呢？我想，或许只有不安与忧伤了吧！您刚刚说没有子女所以不用投保，但是天有不测风云，万一您有个好歹，请问尊夫人怎么办？您认为，年轻人就该投保，但是年轻人还有大把的机会，即便是丈夫去世，年轻的寡妇还有再嫁的机会，还能再找到照顾自己的人；但是您的情形就不同了！"

军人默不作声，沉默了一会儿后抬起头来，对原一平说："你说得很有道理，好！我投保。"

真正让军人信服的理由，是为他的家人考虑，原一平以一个假设的情况，使军人开始联想，如果自己不在了，妻子怎么办。抓住了这一个关键点，原一

平站在军人的角度,来为他进行讲解,所以才能顺利拿到订单。

一对老夫妇要买一所房子,当销售员带他们来看房,他们看到房间里的地板已经很破旧了时,不禁有点皱眉头。但当他们走到阳台上看到院子里有一棵茂盛的樱桃树时,又立刻变得高兴起来。

老妇人对销售员说:"你这房子也太破旧了,你看地板都坏了。"

销售员看到了他们对樱桃树的喜爱,就对他们说:"这些我们都可以给你们换成新的,最重要的是院子里的这棵樱桃树,一定会让你们的生活安详舒适。"说着销售员把老人的目光引到屋外的樱桃树,老人一看到樱桃树就立刻变得很愉悦。

当他们走到厨房时,两位老人看到厨房的一些设备已经生锈。还没等他们抱怨,销售员就对他们说:"这也没有关系,我们会全部换成新的。同时,最重要的是院里的这棵樱桃树,你们一定会喜欢这里的。"当销售员提到樱桃树时,老夫妇的眼睛又闪出了愉快的光芒。"樱桃树"就是客户买下这所房子的"关键点"。

在这个案例中,销售员通过对客户表情变化的仔细观察,敏锐地觉察到客户的潜意识中对樱桃树的喜爱。他能够迅速抓住这一点,因势利导,对客户进行种种暗示,给了客户一个购买的理由,从而及时发现、

销·售·金·言

要想给客户一个正中下怀的购买理由需要一个前提:了解客户的需求。因为向对方销售他们所需要的东西,要比说服对方来买你所要销售的东西容易得多,而满足客户的需要无异于满足自身追逐利润的需要。

唤起甚至创造客户内心对产品和服务的需要,恰到好处地对其进行说服,从而成功地售出了房子。

总之,只有仔细研究客户,找到他购买的关键点,给他一个购买的理由,这样才能把产品更多、更快、更有效地卖给他。

欲擒故纵，帮助客户下决心

在销售中，往往顾客在前面已经没有问题了，可是偏偏在要成交的关头，顾客却再次犹豫了，搞得很多销售员不知所措。

其实，客户犹豫不决的心理是可以理解的。一般人在做出某项决定时，难免会考虑再三，如果这个决定是需要他付钱的，他更会慎重决定。作为销售员，则可以在客户抉择的时候帮忙促使其下定决心。

不过，每个人都有自尊心，都不喜欢被别人逼得太过分。俗话说"兔子急了也咬人"，逼得太紧，只会引起对方全力反扑，最终危及自己。所以，高明的军事家都懂得消磨对手的意志，使对手丧失警惕，松懈斗志，然后再一举擒住对手。这就叫欲擒故纵。

比如，我们可以这样对客户说：

"张总，这件艺术品很珍贵，只有那些真正热爱艺术、有品位、懂得欣赏的人，才有资格拥有这么出色的艺术珍品。我想如果您不感兴趣，我也就不再勉强了……"

"王总，合作要靠诚意，您说是不？你们好好商量一下吧，有什么问题可以随时再联系我。"

另外，还可以在动作上轻轻地把对方正爱不释手的商品取回来，造成对方产生"失落感"，或者让对方离开还没有看够的车子、房子等。不过，需要注意的是，在采用这一类动作时，要掌握好分寸，千万不能给对方留下粗暴无礼的印象。

在销售过程中,有时候即便双方都做出了让步,可销售仍然陷入了僵局。这时候,销售员就可以采用这种欲擒故纵的方法,迫使对方接受自己的条件。但必须确信是在销售双方还存在共识,并且主动权在我们手里,有绝对取胜的把握的情况下才可以这样做;否则决不能放纵对方。

销·售·金·言

欲擒故纵并不意味着放弃生意,只是给客户一段思考的时间,在这段时间里也要密切关注客户的动态。

另外,销售员要想运用好欲擒故纵的谈判策略,关键还要掌握好一拉一放的节奏,在谈判中始终占据支配地位。

A企业和B企业的销售谈判已历经数月。虽然已经达成了一些初步协议,可是在销售进入关键时刻,B企业却重新派出了一位谈判经理,他全盘否定了之前达成的所有协议,要求从头开始。当时双方争论起来,气氛非常紧张。

A企业的谈判经理经过一番缜密思考后,突然拍案而起,说道:"看来我们无须再继续浪费时间和精力了。既然贵公司全盘否定以前的协议,我们也只好放弃,另谋他路了,先走一步。"说完,他就带着随行人员撤出了谈判席。

A企业经理的秘书有些耐不住性子,问道:"我们是不是过于急躁了?"谈判经理笑了笑答道:"我们又不是真的要离开,走,到我的房间去等着。"果不其然,半小时过后,B企业的谈判代表就同意对双方协议做出全面让步,而且还声明以前的销售协议完全有效。

在上面这个案例中,A企业的经理就是在有必胜的把握的前提下,巧妙地运用了欲擒故纵的方法,使对方被迫妥协。可见,在销售谈判中,掌握客户的心理,适当运用一些心理战术则能够起到意想不到的作用。

第十章 会说更要会思考
销售话术地雷不能踩,小心祸从口出

说话很容易,张开嘴巴话就出来了,但说对话并不是人人都可以做到的。我们说,沟通要有艺术,良好的口才可以助您事业成功,良性的沟通可以改变您的人生。所以,我们在与客户交流时,要注意管好自己的口,用好自己的嘴,要知道什么话应该说,什么话不应该讲。

不可不知的销售忌语

"祸从口出"在销售过程中经常发生,无意之中的一句话往往会毁了一笔业务。作为销售人员,就应该注意与顾客交谈时的一些忌语,以免引起顾客不满,从而失去进一步沟通的机会。在与客户进行沟通时,以下几个话题应该多加注意。

1. 禁谈隐私话题

不管你多么好奇,都不要主动询问客户的财产、婚姻等个人隐私问题,问这些问题是不礼貌的表现。即使客户勉强给了你一个答案,这个答案也很难保证是真实的。关键问题是这个答案对销售来说根本就没有任何作用,你又何苦冒着被拒绝的危险去问这样一个毫无用处的问题呢?隐私问题是禁谈的话题,这是你必须时刻多加注意的。

2. 不谈不雅话题

俗话说"物以类聚,人以群分",谁都希望自己能和有涵养、有层次的人在一起,而不希望和那些脏话连篇的人交往。所以,在销售的过程中,你一定要注意语言的文明,不要用一些不雅的词。另外,要注意一些不雅的词在不同行业中有不同的定义,比如,寿险行业,你最好不要说:"如果你死了,就可以……"这样的语言只会引起客户的反感。

3. 不谈敏感话题

销售成败的标准其实很简单,关键是看交易行为是否发生。一次交易行为的顺利完成,往往需要你费很多口舌,找大家都感兴趣的话题。但要注意的是,在商言商,与销售没有多大关系的话题最好别谈,特别是一些敏感话题。

当与客户谈论敏感话题时,可能会出现这样一种情况:在敏感话题上与客户发生了激烈争执。很多销售人员不能把做事和做人分开，此时销售人员要知道自己的目的就是实现产品的销售，是在做事。至于某些观点不一样，那和销售没有任何关系。

4. 禁说批评性话语

作为一名销售人员，你永远没有理由批评自己的客户。如果你见到客户的第一句话便说"你这件衣服真老土"，客户就会很反感。

没有人喜欢听别人的批评，特别是来自陌生人的批评。所有人都希望听到赞美自己的话，因为赞美是对自己的肯定。这种赞美往往能让人以更加积极的态度对待生活和工作。当然说赞美的话也应该有度，过度赞美等于奉承，会给人以虚伪做作、缺乏真诚的感觉。赞美最好是发自内心的，要有事实依据。比如，把一个长得很难看的丑女硬说长得十分漂亮，她肯定会认为你是在讽刺和挖苦她。

5. 少用或不用专业术语

销售员在接受培训时，要很好地掌握专业术语。但在面对客户时，最好禁用专业术语，因为专业术语往往会影响沟通的顺利进行。有些销售人员通过培训掌握了大量的专业术语，便认为自己学到了很多东西，这些东西必须向别人说明，于是面对客户时，便开口闭口都是术语，好像自己懂得很多，殊不知这样做只会影响双方的沟通。你要知道掌握专业术语的目的是为了企业内部的沟通，而不是向客户传达术语。所以在销售时，你应当尽量用比较简单、通俗的话把产品的优点一一说明，而不要寄希望于通过专业术语来说服客户。对客户来说，如果听不懂你所介绍的东西，他往往是不会购买的。

6. 不质疑客户

你必须明白一点，客户不需要你来教他怎么做，也很反感你怀疑他没有用心听你的解释。有些销售人员张口就是："你懂了吗？""你明白我的意思了吗？""这么简单的问题，你应该能够理解吧？"这些话都会让客户非常反感。作为销售人员，千万不要怀疑客户的理解力，要把客户当成天才，而不能把他们当成傻瓜。不要因为这样的质疑而让客户感受不到最起码的尊重，这是销售的大忌。喜欢质疑客户的销售人员往往很难取得成功，相反，那些抱着谦虚的

态度向客户求教的人往往能大获成功。

其实，如果你实在担心客户不明白自己的讲解，完全可以用试探的口吻来打探对方的理解程度。"有没有什么地方需

销·售·金·言

说话，每个人都会，但有些话在一些场合却不该说。我们常常看到在销售中因一句话而毁了一笔业务的现象。销售员如果能够避免失言，业务肯定会百尺竿头，更进一步。

要我再说明一下的？"这样的问话往往更容易被客户接受。实际上，如果客户真的有购买意向，他就会主动向你咨询不明白的地方，你只需要解答他们的疑问就可以了，千万不能自作聪明地向客户发出质疑，更不要一厢情愿地代替客户思考。

7. 不说夸大不实之词

不要夸大产品的功能。这一不实的行为，客户在日后使用产品时，终究会清楚你所说的话是真是假。不能为了达到一时的销售业绩，你就夸大产品的功能和价值，这势必会埋下一颗"定时炸弹"，一旦纠纷产生，后果将不堪设想。

任何一个产品，都存在着好的一面，以及不足的一面，作为销售员理应站在客观的角度，清晰地向客户分析产品的优与势，帮助客户"货比三家"。只有知己知彼，熟知市场状况，才能让客户心服口服地接受你的产品。销售人员要注意，任何的欺骗和夸大其词的谎言都是销售的天敌，它会使你的事业无法长久。

第十章 会说更要会思考

赞美的力量要比诋毁的力量更强

汤姆·霍普金是美国著名的销售高手，是房地产行业里吉尼斯纪录的保持者，也是全世界在一年内销量最高的房地产销售员，平均每天都能卖出去一栋房子。仅仅用了三年时间，他就赚了近三千万美金；不到27岁，他就成了闻名世界的千万富翁。别人问他是怎样成功、怎样打败竞争对手的，他只简单地说了一句话："不要刻意去贬低你的对手，连念头都不要有，因为这是蠢人做的事。"

的确，一个销售员，无论销售何种商品，都会遇到强劲的竞争对手。可是如果为了打败对手、拿到订单，就无所不用其极地攻击、贬低竞争对手，甚至进行人身攻击，这是一种最无能的反击方式。

盖瑞打算在小镇西边盖一栋三层小楼房，这样，以后全家就都可以搬进去一起住了。当房子快要落成时，一天，一位专业安装铝合金窗户的销售员敲响了他家的大门。盖瑞一开门，那人就马上递过来一张名片，说明来意。

实际上，这名销售员，盖瑞早有耳闻，他经营的小商铺就在镇的西边。据说他经验丰富，活干得非常好，不但安装熟练，还很注重细节，外表也做得比别家的美观，只是他的收费颇高。盖瑞心想：这次他自己送上门来，正好可以趁机砍砍价。

这个销售员并没有去注意盖瑞脸上的神情变化，只顾在那儿一个劲地介绍自己的产品，并不时地夸赞自己几句。

等他全说完了，盖瑞才假装很矛盾地说："虽然我们素不相识，但通过刚才你的一番话可以看出，在门窗安装方面，你是行家。如果我把这活儿交给

你,你肯定会做得让我非常满意。不过,在这之前,我的新邻居已经先于你向我开口了,他以前是一个工厂钳工,现在退休了,正好没活干……"

盖瑞的话还没有说完,销售员就急着打断了他,嘲讽道:"您说的就是那个天天在外转悠的退休工老吉姆吧?您怎么能让他来帮您呢!的确,他最近给几户人家装了几扇窗户,可是就凭他那半吊子水平,连先进的设备都没有,哪能跟我们专业的相提并论呢?"

盖瑞一听这话,心里立刻感到不舒服,他马上改变了主意,很肯定地对这个不厚道的销售员说:"你说得很对,老吉姆是纯手工操作,效率确实比不上你们。可他现在退休了,也没有什么积蓄,只能慢慢完善设备,不过我并不在意。何况还有邻里间的那份交情在,这活儿我就交给他了!你可以走了!"

被断然拒绝的销售员只好灰头土脸地离开了,他怎么也想不明白这个客户为什么翻脸比翻书还快。原本,盖瑞非常相信销售员的专业素养,只是想暗示他,从事这项业务的人很多,不止他一个人上门来销售。没想到这个销售员却心术不正,出言攻击竞争对手。所以,盖瑞宁可找效率较低的邻居,也不想和一个人品差的人合作。

例子中的销售员之所以最后没有销售成功,就是因为他贬低了竞争对手,使客户对其产生了反感。因此,作为销售人员一定要明白,为了自己的利益,一逮到机会就不负责任地抨击对手,这样做,不但会把自己置身于人品差的行列中,还会影响自己在客户心目中的形象,反而为对手做了免费的广告宣传,得不偿失。另外,还会让客户觉得你对自己的产品没有信心,从而最终选择站到竞争对手那一边去。

因此,当客户要求你对竞争对手做评价时,你可以选择含而不露,然后把关注点引向自己,塑造自身产品的价值,特别是产品的优势,并且让客户相信这些优势正是他的需求。同时,你还要善待同行,不贬低同行,这其实是在提高你自己和公司的形象和魅力。

有一次,国际大师级销售领袖弗兰克·贝特格去新泽西州的一家肥料公司拜访财务主管康纳德·琼斯先生。他们之间还十分陌生，弗兰克·贝特格对他的了解也很少，只知道他曾买过一些保险，而琼斯先生对弗兰克·贝特格和他的公司更是一无所知。

那天，弗兰克·贝特格来到康纳德·琼斯先生的办公室。

弗兰克·贝特格说："琼斯先生，抱歉打扰您了，我能知道您都在哪些保险公司投了保险吗？"

琼斯先生答道："当然可以。我选择的公司一般都是大公司，比如，纽约人寿保险公司、大都会保险公司。"

弗兰克·贝特格："是的，的确是这样，您选择的都是些最好的保险公司。"

琼斯先生："怎么，你也这么认为？"琼斯先生的脸上浮现出了得意的表情。

弗兰克·贝特格："当然，您的选择真是特别好。"琼斯先生听到弗兰克·贝特格这样说，更是掩饰不住他的骄傲。弗兰克·贝特格抓住他的这一心理特点，展开了攻势。

弗兰克·贝特格："您投保的这个大都会保险公司，可是世界上最大的保险公司之一，而且经营状况也非常不错，以后前景肯定更好。"后来，弗兰克·贝特格接着说了一些琼斯先生投保的其他几家公司的条件，和他们的经营情况，甚至还告诉他，这附近有很多人都买了这家公司的保险。琼斯先生听得十分认真，而且脸上浮现出自豪的表情。

琼斯先生听完之后觉得很惊讶，他不知道弗兰克·贝特格对竞争对手竟然能够如此了解，而且在谈话过程中，一直都在夸奖这些公司，于是琼斯先生对弗兰克·贝特格产生了好感。

而后，弗兰克·贝特格开始讲自己保险公司的投保条件，在已经对其他公司有所了解之后，再谈及这方面，琼斯先生一下子就有了对比，并且没有排斥心理。

通过努力，在以后的几个月里，琼斯先生和其他4名高级职员在弗兰克·贝特格这里购买了大笔保险。

可见，真正的竞争并不是恶意诋毁，很多时候，赞美的力量要比诋毁的力

量更强。在客户面前,如果能够真心地赞美竞争对手,就能让客户感受到你的豁达,从而对你逐步产生信任。在赞美对手的同时,你的人格魅力无形中打动了客户,让你向成交迈进了一大步。

总之,如果你是一名聪明的销售员,就绝对不要贬低竞争对手。这不仅仅是一名销售员心胸和人品的问题,更是职业道德问题。一个没有职业道德的人,很难在这个行业中立足。

销·售·金·言

市场竞争不同于行军打仗,不一定非要你死我活方能定英雄。市场竞争的实质就是市场稀缺资源的争夺,这种稀缺资源就是我们的目标顾客,只要争取到了顾客就是打败了竞争对手。而贬低竞争品牌以抬高自己的做法则无法赢得顾客的信任,更无法推动顾客的购买行为。

任何时候都不要和你的"上帝"争辩

有个人很善于做皮鞋生意,别人卖一双,他却能卖几双。

一次聊天中,别人问他做生意有啥诀窍,他笑了笑说:"有些顾客到你的店里来买鞋子,总是东挑西拣的到处找漏子,把你的皮鞋说得一无是处。然后还头头是道地跟你说哪种皮鞋最好,价格又合适,样式和做工又如何精致,好像他们是这方面的专家似的。这时,如果你和他们争论是没有一点用的,他们这样说只不过想以较低的价格把皮鞋买到手而已。

"因此,你要想成交,就要学会示弱。比如,你可以恭维对方的眼光确实独特,很会挑鞋,自己的皮鞋确实有不足的地方,如样式不够新潮,不过永远也不会过时;鞋底不是牛筋底的,不能踩出笃笃的响声,不过,柔软一些也有柔软的好处……你表示不足的同时,也侧面赞扬一番这鞋子的优点,说不定这正是他们看中的地方呢。顾客花这么大心思不正是表明了他们其实是很喜欢这种鞋子吗?因此,在销售时,只要你善于示弱,满足了对方的挑剔心理,一笔生意很快就会成功的。"

事实上,这种示弱并不是真的示弱,只不过是顺着顾客的想法,用一种曲折迂回的办法来俘获对方的心罢了。

人们都有一种普遍的心理,对比自己强大或与自己势均力敌的人怀有警惕心,而对比自己弱小的对手则放松警惕。因此,在客户面前巧妙的示弱,销售会更容易成功。

可是,在与客户进行沟通的过程中,一些销售人员却在扮演着进攻者的角色。客户一有异议就急着争辩,客户一开口拒绝就争辩。其实,这样做只会把

顾客推得更远。

在销售的过程中，不和客户争辩绝对是真理。销售人员和顾客作为利益不同的主体，在洽谈过程中必然会出现各种矛盾，在异议处理过程中这种倾向尤易发生。在回答顾客问题或处理异议的时候，有时你会发现不知不觉中已与顾客争论起来，气氛相当激烈。这时你要切记：客户的意见无论是对是错，是深刻还是幼稚，都不能表现出轻视的样子，更不能表现出不耐烦，东张西望。不管顾客如何反驳你，与你针锋相对，你都要心平气和，避免与其争辩，不给他心理受挫的失败感和抵触感。争辩中的胜利者永远是生意场上的失败者。

欧哈瑞现在是纽约某汽车公司的明星销售人员。他是怎么成功的呢？这是他的说法："如果我现在走进顾客的办公室，而对方说：'什么？怀德卡车？不好！你送我我都不要，我要的是何赛的卡车。'我会说：'老兄，何赛的货色的确不错。买他们的卡车绝对错不了。何赛的车是优良公司的产品，业务员也相当优秀。'这样他就无话可说了，没有争论的余地。如果他说何赛的车子最好，我说不错，他只有住口。他总不能在我同意他的看法后，还说一下午的何赛的车子最好。接着我们不再谈何赛，我就开始介绍怀德的优点。"

"而要是放在以前，我如果听到他那种话，我早就气得不行了。我会开始挑何赛的错；我越批评别的车子不好，对方就越说它好；越是辩论，对方就越喜欢我的竞争对手的产品。"

"现在回忆起来，真不知道过去是怎么干销售工作的。花了不少时间在争辩，却没有取得有效的成果。我现在不再争辩了，果然有效。"

有一句销售行话说得好："占争论的便宜越多，吃销售的亏越大。"销售不是向客户辩论，说赢客户。客户要是说不过你，他可以不买你的东西来"赢"你啊。不能语气生硬地对客户说"你错了""连这你也不懂"。这些说法明显地抬高了自己，贬低了客户，会挫伤客户的自尊心。

对于那些过于敏感的客户，要尽量避免直接或间接对他们做出可能冒犯的评语，即使如"有点""可能"这类有所保留的语气词，都会让他们心乱如麻。所以言谈时应当慎选用词，指出事实就好。尤其是要让他们了解你只是针对事情本身提出意见，而不是在对他们进行人身攻击。针对他们过度的反应，你不要也跟着乱了手脚急于辩解，那可能会越描越黑，只要重申事情本身就好。提出意见时也同时指出他们的优点，以及表现出色的地方，以建立他们的自信心。

销·售·金·言

一名优秀的销售员，一名目光远大的销售员，绝不会和客户斤斤计较，进行毫无实质意义的争辩。因为他们知道，如果和客户一争高低，那么你输了就是输了，即使赢了也还等于输！有一句话说得好：有时候你输了，其实你赢了。这是什么意思呢？其实就是讲：在口才上"输"给客户，你却赢得了订单。

对于一些"为反对而反对"或"只是想表现自己的看法高人一等"的客户，如果你认真地处理，不但费时，还有可能旁生枝节。其实客户提出一些反对意见，并不是真的想要获得解决或讨论，你只要面带笑容地同意他就好了。你要让客户满足表达的欲望，然后迅速地引开话题。

人有一个通病，不管有理没理，当自己的意见被别人直接反驳时，心里总会不痛快，甚至会被激怒。心理学家指出，用批评的方法不能改变别人，而只会引起反感；批评所引起的愤怒常常会引起人际关系的恶化，而所被批评的事物依旧不会得到改善。当客户遭到一位素昧平生的销售人员的正面反驳时，其状况尤甚。因此，不要将客户的反对意见完全否定，不管是否在议论上获胜，都会对客户的自尊造成伤害，如此要成功地商洽是不可能的。屡次正面反驳客户，只会让客户恼羞成怒，即使你说得都对，也没有恶意，仍是会引起客户的反感。所以，销售人员最好不要开门见山地直接提出反对意见，要给客户留面子。

总之，要记住：永远不要和客户争辩。因为那样的话，客户只会产生抵触情绪。客户不是我们的敌人，而是未来的合作伙伴。销售的目的是为了达到双赢，而不是要辩得对方理屈词穷。人性中都有希望被人肯定的一面，希望通过

表达自己的意见达到展示自我价值的目的。我们的客户也是一样的。人的潜意识里都有需要被尊重、被理解和表现的心理，所以不要常常把客户的意见当成是恶意的挑剔，也不要与客户展开激烈的争辩。即使需要"辩"也应该是亲和式的交流，让对方在愉快的心情下接受你的专业引导。

客户推托,不要急赤白脸

销售是一种以结果论英雄的游戏,销售就是要成交。没有成交,再好的销售过程也只能是风花雪月。在销售员的心中,除了成交,别无目标。但是顾客总是那么"不够朋友",经常"卖关子"。

王鹏是一名业务员,这天,他去客户那里谈一笔生意。当他敲开总经理办公室的门之后,发现总经理正在那里看一些文件,于是他表明自己的身份并说明来意,希望能够与总经理详细谈一下。

那位总经理并没有给他这个机会,而是对他说:"我现在很忙,你先和我的助理谈吧。"王鹏一听,心想"那怎么能行呢,一个助理又做不了主,我谈得再好也没有用。"他明白了总经理说"忙"只是他推托的借口。

于是,他说:"现在是中午休息的时间,没有什么事情做,您就先听我说一说吧,也不会占用您多少时间的。"

那位总经理一听,生气地说道:"你怎么知道我现在没有事情做,难道你没有看到我正在看文件吗?耽误了我的事情你负得起责吗?赶快出去,别在这儿浪费我的时间。"

王鹏还想再说些什么,总经理直接就叫秘书把他"请"出去了。

相信很多销售人员在去拜访客户时,都有过这样的经历:当你滔滔不绝、口干舌燥地向客户介绍产品时,客户往往会以各种各样的借口,就像上例中的总经理那样以"忙""今天没时间"等为由来推托。于是,很多人都选择了放弃,继续寻找下一个目标,或者直接对客户的推托进行反驳。其实,有的时候

客户的推托并不是绝对不想购买,作为销售人员,若你在这个时候放弃,那之前的所有努力就等于白费了,你的反驳也一定会让客户难堪,最终导致销售失败。因此,要想实现成交,销售员必须解开顾客的"心中结"才好。

艾洛克是一名优秀的保险销售员,他也遇到过无数次拒绝,那他又是怎样扭转乾坤的呢?

有一次,他向一位地毯公司的老板销售寿险。可是,那位老板一听"保险"两个字,就态度强硬地对艾洛克说:"不管你怎么花言巧语,我都不会买的。"

艾洛克虚心请教道:"那您能否告诉我,是什么原因让您如此肯定的吗?"

"唉,最近经济不景气,我们公司也跟着遭了殃,遇到了财政危机,而保险每年要'抢走'我们8000美元左右,我可不想做傻事。除非公司财政一切恢复正常,否则我不会在保险上多花一分钱。"

地毯老板的这番话使谈话陷入了僵局,在别人看来,这场交易已然"山重水复疑无路"了,但是艾洛克并没有打退堂鼓,也没有规劝老板,只是追问道:"除了财政危机,还有其他特殊原因吗?也就是说,我想知道,是什么让您如此坚决?"

老板犹豫了一下,然后坦诚道:"你看得很准,我确实还有别的顾虑。"

"是什么顾虑让您如此谨慎呢?"

"是这样的,我有两个儿子,他们都大学毕业了,现在都在我自己的公司里努力工作。我不能那么自私,把公司赚来的所有利润都花在保险上,我总要为两个儿子着想一下吧?"

原来这才是真正的原因和顾虑,艾洛克知道了这个关键点,认为一切问题就都好解决了。

艾洛克笑着对老板说:"让我亲自为您设计一个方案吧,我保证您的财产不会流失一丝一毫。而且我的方案会全面地顾及您的儿子们,让他们因您而享有更好的保障。这不正是您最关心的事吗?"

艾洛克的保险方案不但解决了客户的难题,还解决了客户家人的难题,那么,你认为客户还能有什么理由拒绝这个好处多多的人寿保险呢?

艾洛克说:"只要你能让客户不断地说话,就等于他在帮你找出关键点。"艾洛克之所以成功,就是因为当他被客户拒绝时,并没有急赤白脸,而是有条不紊地刨根问底,仔细聆听,把拒绝当成一根牵引线,有效找到客户潜藏的需求和顾虑,从而对症下药,有针对性地帮客户解决难题。

总之,作为销售人员要明白,客户拒绝你,其实是一件非常正常的事情,为此,不要耿耿于怀,不要黯然神伤,更不要急赤白脸。作为一名优秀的销售员,当你遭到客户的拒绝时,你必须做到临危不乱,不动声色,用几句妙语化尴尬为开怀,这样才能有机会达成交易。

销·售·金·言

作为聪明的销售人员,对于客户的一切推托之词都不会着急反驳,而是会想办法消除客户的戒备心理,和客户搞好关系。因此,当客户说出推托之词时,切忌在客户推托的原因上进行纠缠,而应当把精力放在摸清客户的心思上。只要弄清楚了客户的真正想法,销售起来就会容易很多。

把话说到客户心里去

客户的短揭不得

俗话说:"瘸子面前不说短,胖子面前不提肥。"意思是说,在说话的时候,要注意给人留面子,不要揭他人的短处,免得他由多心而伤心,继而对出言无忌的人失去好感。

人际关系大师卡耐基曾讲述过这样一次经历:

"二战刚结束时,我担任罗斯福先生的私人经纪人。有一天晚上,我参加了一次为推崇他而举行的宴会。宴席中,坐在我右边的先生讲了一个幽默故事,并引用了一个成语,意思是'谋事在人,成事在天'。"

"那位健谈的先生提到,他所引征的这句话出自《圣经》。他错了,我很肯定地知道出处,一点儿疑问也没有。为了表现自我,我多事地纠正了他。他立即反唇相讥道:'什么?出自莎士比亚?不可能,绝对不可能,那句话出自《圣经》。'"

"此时,我的老朋友法兰克在我的左边。他研读莎翁的作品已经多年了。于是我们都同意向他请教。法兰克听了问题后,突然在桌子下踢了我一下,然后对我说:'戴尔,你错了,这位先生是对的,这句话出自《圣经》。'"

"那晚在回家的路上,我气哼哼地对法兰克说:'法兰克,你明明知道那句话是出自莎士比亚的!'"

"'是的,当然,'他回答道,'《哈姆雷特》第五幕第二场。可是亲爱的戴尔,我们是宴会上的客人,为什么要证明他错了呢?那样会使他喜欢你吗?为什么不给他点儿面子呢?他并没有征询你的意见嘛!你应该避免揭人家的短。'"

在回去的路上，法兰克告诉卡耐基，为一个成语破坏宴会气氛，得不偿失。他又说："在矮子面前说短话，也许能让你获得优越感，但是永远得不到他人的好感。"

每个人都有自己的尊严，"人活一张脸，树活一张皮"，对于任何人来说，被击中痛处都会引起不快。因此，作为销售人员，在销售过程中，也千万不要揭客户的短，特别是当众揭短。

艾米是一家汽车销售公司的销售员，她是一位性格火暴的姑娘，说话总是不经过大脑，想到什么就说什么。

有一天，销售展厅来了一位很年轻的顾客，那位顾客在厅里转了半天，最后停在一辆雪佛兰的前面，围着车子转了一圈，又低头看了看，最后不好意思地挠着头问艾米："请问，这个部件，是油门还是离合器呀？"

很明显，这是一个汽车新手，应该还没学会开车，对车不是很懂，问这种问题也是情有可原的。但他上前咨询销售员，肯定是对这辆车很感兴趣，产生了购买欲，所以才虚心请教。如果艾米能够抓住这个潜在商机，为这位顾客提供优质的服务，就能打动他。即使对方只是留下联系方式，要等考上驾照了才会来购买，也算是销售成功了。一旦将来他打算购车了，这家销售点必然是他的首选。

但是，艾米完全没有想那么远，本来就不耐烦的她不屑地看了顾客一眼，皮笑肉不笑地反问："你对车一窍不通，来这里干吗？"

这个顾客也是一个年轻人，自然年轻气盛，一听这话马上就火了，大声叫道："你难道一生下来就懂车？"说完，就往经理室走去，投诉了一通。最后，可想而知，艾米因为不给客户面子被公司解雇了。

通过上面的例子可知，用充满质疑、毫无礼貌的语气去揭客户的短，或者对客户的理解力表现出不耐烦，就是自掘坟墓。

有些销售员在销售的过程中，总是耐不住性子，在做介绍时，总会忍

不住插上一句:"你懂了吗?""你明白我的意思吗?"甚至不耐烦地说:"这么简单的事,你怎么就不理解呢?"这种话,这种腔调,客户听了怎么可能高兴呢?在自己的所属领域,销售员比客户专

> **销 · 售 · 金 · 言**
>
> 隔行如隔山。当客户对你的专业一窍不通,而一时难以理解时,你别不耐烦。只有对客户保持耐心、细心、贴心,你才能让客户感到放心。切忌用质问、鄙夷的口吻说话,那样最终摧毁的是你自己的形象。

业,那是理所当然的事,没必要为此沾沾自喜,更不应该瞧不起客户而说些嘲讽的话,让客户下不来台,否则结局只会是你因此而下台。

　　荀子说:"与人善言,暖于布帛;伤人以言,深于矛戟。"的确,大凡具有一定修养、品德高尚的人是从不揭人短的。每个人都有自己的短处和弱势,客户也不例外。给客户留足面子,也就是给你自己留下台阶。因此,当你在向客户解释一些专业性问题时,如果客户的脸上有疑惑,你就应该用试探性的口吻礼貌地问:"先生,还有哪里需要我详细说明的吗?"或者:"您认为我这样说可以吗?"这样,客户就会觉得你很尊重他,给他留了面子,从而就不会对你产生反感,不理解的时候,也会主动询问你。这样,你才能有成功的机会。

附录 不拘小节，无以成事
销售不能忽视的细节

良好的第一印象让客户记住自己

心理学研究发现，与一个人初次会面，45秒钟内就能形成第一印象。而且这最初的印象能够在对方的头脑中形成并占据着主导地位。销售人员一旦给客户留下不好的印象，就很难再纠正过来，毕竟很少有人会愿意花更多的时间去了解、证实一个留给他不美好的第一印象的人，而是愿意去接触那些给自己留下美好印象的人。

因此，尽管有时第一印象并不完全准确，但是在人的情感因素中起着主导作用。在销售过程中，销售人员可以利用这种效应，展示给客户一种比较好的形象，为下一步的销售工作打下良好的基础。

为此，销售人员在与客户初次见面时需要注意以下几点：

1. 服饰

销售人员着装的基本要求是干净整洁，既要符合时尚美感，又要恰当地体现个性风采。干净整洁、搭配协调、适合自己的着装，会在举止之间流露出自然的美感和迷人的魅力。

日本销售界流行这样一句话：你若想要成为第一流的销售人员，就应该先从仪表修饰做起，先用整洁得体的服饰来装扮自己。一旦你决定进入销售行业，就必须对自己的仪表投资，这种投资也绝对是值得的。销售人员的着装一定要符合自身的性格、身份、年龄、性别、环境以及风俗习惯，不要赶时髦和佩戴过多的饰物。如果在穿戴方面过于引人注意，效果反而会适得其反。

2. 谈吐举止

销售人员与客户说话时，态度要谦逊有礼，让客户觉得你很有教养。彬彬有礼的人才会受到人们的欢迎。有一些问题是你必须避免的，如说话速度太快，吐字不清，语言粗俗，有气无力，态度不冷不热；爱批评，说大话，撒谎；油腔滑调，沉默寡言；太随便，与客户勾肩搭背，死缠烂打；抓耳挠腮，耸肩，吐舌，舔嘴唇，脚不住地抖动；不停地看表，皮笑肉不笑；东张西望，慌慌张张等。

3. 礼节

礼节是一个人内在的文化素养及精神面貌的外在表现。作为销售人员，一言一行都要对公司的社会形象负责。客户都是很聪明的，他们只会和值得信赖、礼节端正的销售人员合作。讲究礼节的基本原则就是真诚、热情、自信、谦虚。围绕这几个基本原则去交往，必然能给客户留下彬彬有礼的印象。

微笑,让客户放下戒备的武器

微笑是打开人与人之间关系坚冰的最佳手段,又是给人留下好印象的开始。销售中只要坚持这种微笑效应,那么客户肯定会接受你。试想,有谁能拒绝一位向他微笑的人呢,哪怕他知道你就是销售员?

日本销售大师原一平在30岁时创下了全日本第一的销售业绩,此后屡创令人惊异的纪录。原一平的微笑被誉为"值百万美金的笑容"。

有一次,原一平上门去销售产品,当他叩响一个客户的家门时,门内的一位家庭主妇正在与彻夜不归的丈夫生气,她打开门的时候,心里在想:如果是来上门销售的,我就马上把他骂走,正好可以撒撒心中的恶气。结果,才把门打开,一张带着超级迷人微笑的脸就映入了眼帘,主妇心中的一腔怨气立马一扫而光,之前想要把销售员骂出门的想法早就被抛到脑后,寒暄之后她赶紧就把原一平请进了屋里……

闻名全球的希尔顿酒店董事长康纳·希尔顿说:"如果缺少服务员的美好微笑,正好比花园里失去了春日的太阳与春光。如果我是顾客,我宁可住进那虽然只有残旧地毯,却处处见到微笑的旅馆,也不愿走进只有一流设备而不见微笑的地方……"希尔顿酒店之所以闻名全球,就是因为希尔顿的这种微笑服务。他要求他的每一位员工,不管自己有多累,都要微笑面对客户。

因此,对于销售员来说,微笑的魅力是无穷的,它就像扑面而来的春风,能够拨动顾客的心弦,调节谈话的气氛,密切与顾客的关系;它又像润物无声的细雨,能够化解冷漠、疑虑和陌生感,获得顾客更多的理解与认同。

当你满面笑容地出现在顾客面前的时候，当你在微笑中与顾客谈话交流的时候，当你笑意盈盈地和顾客挥手道别的时候，顾客还会拒你于千里之外吗？因为你的微笑已经无声地告诉顾客，你很友善，你很赞赏他，你很喜欢和他交往，那么他必然会觉得很开心，也会很乐意与你交往。

总之，微笑是一种武器，是一种可以让所有对你心存戒备的客户放下他们心中的戒备的武器。所以，在销售中，你要善于使用你的这一武器。

诚信，让你的销售之路走得更远

"诚信"包括"诚实"与"守信"两方面内涵。诚信不但是销售的道德，也是做人的准则，它历来是人类道德的重要组成部分，在我们的日常销售工作中也发挥着相当程度的影响力。实际上，向客户销售你的产品，就是向客户销售你的诚信。

据美国纽约销售联谊会统计：70%的人之所以从你那里购买产品，是因为他们喜欢你、信任你和尊敬你。因此，要使交易成功，诚信不但是最好的策略，而且是唯一的策略。

赫克金法则源于美国营销专家赫克金的一句名言："要想成为一名好的销售人员，首先要做一个好人。"这就是赫克金所强调的营销中的诚信法则。美国的一项有关销售人员的调查表明，优秀销售人员的业绩是普通销售人员业绩的300倍的真正原因与长相如何无关，与年龄大小无关，也和性格内向或外向无关。其得出的结论是，真正高超的销售技巧是如何做人，如何做一个诚信之人。

"小企业做事，大企业做人"讲的也是同样的道理，要想使大部分客户接受你，做个诚实守信之人才是成功的根本。

在销售过程中，如果失去了信用，也许一笔大买卖就会泡汤。信用有小信用和大信用之分，大信用固然重要，却是由许多小信用积累而成的。有时候，到了最后阶段，只因失去一个小信用而使唾手可得的生意泡汤。销售高手们是最讲信用的，有一说一，实事求是，言必信、行必果，对顾客以信用为先，以品行为本，使顾客信赖，使用户放心地同你做交易。

对于一名销售人员来说，顾客就是上帝，顾客有权拒绝。然而，当优秀的销售人员带着不错的产品，一次次真诚地拜访，最终总能赢得顾客的青睐。产品不是万能的，任何产品都有它起作用的范围和无法起作用的范围，这是一个基本常识。但是，在某些销售人员看来，他们的产品就是万能的，他们向客户介绍产品时，总是恣意夸大产品的性能，这无疑是为他们日后的销售工作埋下了隐患。

有一位成功的销售人员，每次登门销售总是随身带着闹钟。交谈一开始，他便说："我打扰您10分钟。"然后将闹钟调到10分钟之后的时间，时间一到闹钟便自动发出声响，这时他便起身告辞："对不起，10分钟到了，我该告辞了。"如果双方商谈顺利，对方会建议继续下去，那么他便说："那好，我再打扰您10分钟。"于是闹钟又调到了10分钟之后。

大部分客户第一次听到闹钟的声音，很是惊讶，他便和气地解释："对不起，是闹钟声，我说好只打扰您10分钟的，现在时间到了。"客户对此的反应因人而异，绝大部分人说："嗯，你这个人真守信。"也有人会说："咳，你这人真死脑筋，再谈会儿吧！"不管怎样，客户都会对他产生好感。

销售人员最重要的是要赢得客户的信赖，但无论采用何种方法，都得从一些微不足道的小事做起，守时就是其中一种。这是用小小的信用来赢得客户大大的信任，因为你一开始答应会谈10分钟，时间一到便告辞，就表示你百分之百地信守诺言。

总之，一个成功的人总是有着不同于他人的魅力。如果你是一个讲诚信的人，那你的客户就会对你所销售的产品有一种可以依赖的感觉，那成功自然也就属于你了。

男女有别，区别对待是上策

男女性别不同，消费心理也会随之不同。因此，作为销售人员，当我们与不同性别的客户进行谈判时，也应该采取不同的策略，区别对待。下面就让我们来看一看男客户和女客户的消费心理有何不同，以及应对他们的策略。

男性客户

1. 动机形成迅速、果断，具有较强的自信性

男性的个性特点与女性的主要区别之一就是具有较强的理智、自信。他们善于控制自己的情绪，处理问题时能够冷静地权衡各种利弊因素，能够从大局着想。有的男性则把自己看作是能力、力量的化身，具有较强的独立性和自尊心。这些个性特点也直接影响他们在购买过程中的心理活动。

所以，男性动机形成要比女性果断、迅速，并能立即产生购买行为。即使是处在比较复杂的情况下，如当几种购买动机发生矛盾冲突时，也能够果断处理，迅速做出决策。特别是许多男性不愿斤斤计较，购买商品也只是询问大概情况，对某些细节不予追究，也不喜欢花较多的时间去比较、挑选，即使买到稍有瑕疵的商品，只要无关大局，也不去计较。

2. 购买动机具有被动性

就普遍意义讲，男性的购买活动远远不如女性的频繁，购买动机也不如女性的强烈，比较被动。在许多情况下，购买动机的形成往往是由于外界因素的作用，如家里人的嘱咐、同事朋友的委托、工作的需要等，动机的主动性、灵活性都比较差。我们常常看到这种情况，许多男性顾客在购买商品时，事先记好所要购买的商品名称、式样、规格等，如果商品符合他们的要求，则采取购买行动，否则，就放弃购买。

3. 购买动机上感情色彩比较淡薄

男性消费者在购买活动中心境的变化不如女性强烈，不喜欢联想、幻想，因此感情色彩也比较淡薄。所以，当动机形成后，稳定性较好，其购买行为也比较有规律。即使出现冲动性购买，也往往自信决策准确，很少反悔退货。心理专家指出的是，男性消费者的审美观同女性的有明显的差别，这对他们动机的形成也有很大影响。比如，有的男同志认为，男性的特征是粗犷有力，因此，他们在购买商品时，往往对具有明显男性特征的商品感兴趣，如烟、酒、服装等。

4. 注重产品档次

男性客户在购物时会比较注重产品的档次和品位，所以在选购高档气派的产品时，不愿讨价还价，忌讳别人说自己小气或所购产品不上档次。

因此，针对男性客户以上的消费心理特点，我们在向他们介绍产品时，要注意以下几点：

第一，当客户具有购买意愿时，我们可以马上促成交易，语言要简洁、切中要点，切不可磨磨蹭蹭，说话不着要领；动作也要迅速，不要拖拉，避免给客户造成办事不利的印象。

第二，我们可以为客户提供数据、资料等帮客户理性分析产品的优与劣，这样就能很快获得男性客户的认同。

第三，我们要特别注意强调产品的档次、品位，充分满足客户爱面子的心理。

女性客户

在现代社会，谁抓住了女性，谁就抓住了赚钱的机会。要想快速赚钱，就要充分重视女性消费者，把目光瞄准女性的口袋，开拓女性消费市场。

女性消费者一般具有以下消费心理：

1. 对价格的变化很敏感

女性比较善于讨价还价，她们对价格的变化极其敏感，并对优惠打折的商品怀有浓厚的兴趣。

2. 追求时髦

俗话说"爱美之心，人皆有之"，对于女性消费者来说，就更是如此。

无论是青年女子，还是中老年女性，她们都愿意把自己打扮得美丽一些，充分展现自己的女性魅力。尽管不同年龄层次的女性具有不同的消费心理，但是她们在购买某种商品时，首先想到的就是这种商品能否展现自己的美，能否增加自己的形象美，使自己显得更加年轻和富有魅力。例如，她们往往喜欢造型别致、包装华丽、气味芬芳的商品。

3. 追求美观

女性消费者还非常注重商品的外观，将外观与商品的质量、价格当成同样重要的因素来看待，因此在挑选商品时，她们会非常注重商品的色彩、式样。

4. 感情强烈，喜欢从众

女性一般具有比较强烈的情感特征，富于幻想、联想。这种心理特征表现在商品消费中，主要是用情感支配购买动机和购买行为。同时她们经常受到同伴的影响，喜欢购买和他人一样的东西。

5. 喜欢炫耀，自尊心强

消费心理学指出：对于许多女性消费者来说，之所以购买商品，除了满足基本需要之外，还有可能是为了显示自己的社会地位，向别人炫耀自己的与众不同。在这种心理的驱使下，她们会追求高档产品，而不注重商品的实用性。只要能显示自己的身份和地位，她们就会乐意购买。

因此，针对女性客户以上的消费心理特点，我们在向她们介绍产品时，要注意以下几点：

第一，我们可以运用权威意见进行引导，为她们热情地举出众多具有说服力的具体事例，搬出那些较有名气的、为女性客户所熟知的权威人士，无疑是非常有效的方法。

第二，可以迎合女性消费者心理，开展多种形式的促销活动。例如，打折、赠送礼品，以及在"妇女节""母亲节"等节假日推出一系列以关爱女性为主题的节日促销，赋予产品以感情，赢得女性信赖。

第三，我们可以借助女性热衷于幻想的特点，处处留给她们发挥想象力的余地，同时满足幻想和现实两方面的需求，这样就容易引发她们的购买动机。

第四，我们可赞美她们的眼光好、有品位，佩戴的饰品漂亮，她们的孩子聪明等来满足她们的虚荣心，让她们感到跟我们谈话很愉快，那么销售产品就容易得多了。

学会站在客户的立场上思考问题

相信有不少人都信奉这样的商场名言,即"以赢利为唯一目标"。这的确也是很多企业的出发点,他们为了获取利益而不惜损害客户的利益。当客户的利益受到损害时,他们自然会对销售员的诚信度产生怀疑,这种怀疑又使得客户在面对销售人员时普遍持一种质疑的态度,销售人员的生意当然会越来越不好做。生意不好做,销售量上不去,企业经营就会出现问题,由此产生恶性循环,这就是牺牲客户的利益的苦果。

而要使企业不进入恶性循环,唯一的方法就是在自己赚钱的同时考虑客户的利益。作为一名销售人员,只有为客户省钱,自己才能赚钱。因此,当销售人员首次与客户沟通时,就应该把自己和客户拉到同一战线上,把自己当作与客户并肩作战的伙伴。你的目标不是向客户销售产品,而是为客户提供可以省钱的方法,试着把客户的问题当成自己的问题,把客户想花的钱当成自己要花的钱,那样的话,你就会不知不觉地为你的客户节省开销了。一名销售人员如果能够为客户提供可以让他们省钱的建议,那么就会很容易得到客户的信任,双方在沟通中,气氛也就不会那么紧张了。

让你的客户相信你,最简单的方法就是帮他做出正确的决定,如果你的决定是正确的,客户就会加深对你的好印象。好印象的加深也就意味着客户已经开始关注你,如果你再努力一步,便会取得客户的信任。当然在这个过程中,销售人员也要时刻把握一个原则:你不是来给客户当老师的,你是为客户提供产品和服务的,是为客户解决困难的。那样客户才会慢慢消除防备,然后在心里接受你。只要你在和客户的相处过程中以真诚的态度考虑客户的利益,就能赢得客户的信赖,客户因此也有可能成为你不用花钱的"广告宣传员"。

附录 不拘小节，无以成事

美国汽车大王福特说过一句广为人知的话："成功没有什么秘诀可言，如果非要说有的话，那就是时刻站在别人的立场上。"在销售活动中，如果学会时时站在客户的角度上分析问题，沟通的效果将会超出你的想象。

钢铁公司总经理乔治想为公司买一座房子，于是他请来了房产界知名人士莱特，然后对他说："莱特先生，我们钢铁公司过去很多年租住的都是别人的房子，真希望可以拥有一栋自己的房子。"此时，乔治的目光透过窗户，看着外面繁华的街景说道："希望我新买的房子也可以看到这样的景致，你能帮我物色一下吗？"

莱特花了很长时间琢磨乔治想要的房子，他画过图纸，做过预算，但还是找不到头绪。在很多可以考虑的房子里，最佳的选择就是乔治的钢铁公司所在的那幢楼房，因为只有那栋房子可以看见乔治要求的街景；但是乔治的同事们希望能买到一栋新房子。

莱特再次与乔治交谈这件事情的时候，遭到了乔治的拒绝。乔治表示他不可能对一栋旧房子感兴趣，他所需要的是一栋新房子。乔治说这些的时候，莱特并没有表示反对，他只是安静地听着。他运用了换位思考的方式，站在乔治的立场上，分析了一段时间后发现，乔治想要的房子，其实就是他自己所反对的那栋，只是乔治现在还不知道自己真正想要的是什么而已。得到这些信息后，他开始向乔治提出如下的问题："乔治，当初你刚刚创业的时候，你的办公室在什么地方？"乔治回答："这里。""你的公司成立的地点是哪里？""也在这里，就在这个办公室里。"大约过了15秒钟后，乔治突然说，"是啊，这所房子才是我应该购买的房子，毕竟这是我们公司的发祥地啊！它见证了我们的起步和发展，还有什么地方比它更有意义呢？您真是考虑得太周到了。"说完这些，乔治迅速同意了购买这栋旧房子。于是在很短的时间内交易就达成了。

并没有用什么特别的手段，也没有什么华丽的语言，莱特简单地完成了销售。其中的奥妙何在？

　　莱特销售成功的奥妙就在于他考虑了乔治的需求,他站在乔治的立场上分析了乔治想要的房子,然后运用很巧妙的方法刺激乔治的心理需求,使乔治明白自己真正想要的房子是哪栋。他的成功,完全是依靠他能设身处地地为乔治着想,站在乔治的角度,即这所房子见证了自己的成长,有自己喜欢的格局,也有自己喜欢的景致;这所房子已经变成了自己生活的一部分,看见它,仿佛就能看见自己的成功,心中的自豪感不言而喻,因此这是个很有意义的纪念地。莱特就这样分析出了乔治的真实意图,帮助乔治解决了心理矛盾,从而成功地完成了销售。

　　总之,要使客户与你开心地合作,最重要的就是要学会站在客户的立场上,为客户设身处地地着想。只有站在客户的立场上,你才能掌握客户的真实意图,才能明白客户的需求,销售工作才能顺利完成。